PROCURA-SE UM
Milagre

PROCURA-SE UM MILAGRE

Três mulheres no Caminho de Santiago

CELINA CÔRTES

prefácio de
Muniz Sodré

NOVA ERA

CIP-BRASIL. CATALOGAÇÃO-NA-FONTE
SINDICATO NACIONAL DOS EDITORES DE LIVROS, RJ.

C857p   Côrtes, Celina, 1956-
        Procura-se um milagre: três mulheres no Caminho de Santiago /
        Celina Côrtes. — Rio de Janeiro: Nova Era, 2011.

        ISBN 978-85-7701-337-1

        1. Côrtes, Celina, 1956- — Viagens — Santiago de Compostela
        (Espanha). 2. Peregrinos e peregrinações — Santiago de Compos-
        tela (Espanha). 3. Crescimento espiritual. I. Título.

11-1742.   CDD: 263.042461
                                      CDU: 2-57(460)

Título original:
Procura-se um milagre

Copyright © 2010 by Celina Côrtes

Capa: Valéria Teixeira
Editoração: FA Editoração

Todos os direitos reservados. Proibida a reprodução,
no todo ou em parte, sem autorização prévia por escrito
da editora, sejam quais forem os meios empregados, com exceção
das resenhas literárias, que podem reproduzir algumas
passagens do livro, desde que citada a fonte.

Direitos exclusivos de publicação reservados pela
EDITORA NOVA ERA um selo da EDITORA BEST SELLER LTDA.
Rua Argentina, 171, — Rio de Janeiro, RJ — 20921-380 — Tel.: 2585-2000

Impresso no Brasil

ISBN 978-85-7701-337-1

Seja um leitor preferencial Record.
Cadastre-se e receba informações sobre nossos lançamentos
e nossas promoções.

Atendimento e venda direta ao leitor:
mdireto@record.com.br ou (21) 2585-2002

Sumário

Agradecimentos | 7

Prefácio | 9

Introdução | 13

CAPÍTULO 1
Campo de estrelas | 17

CAPÍTULO 2
Porto-Santiago de Compostela | 23

CAPÍTULO 3
A rainha peregrina | 39

CAPÍTULO 4
Diagnóstico: câncer | 47

CAPÍTULO 5
Recaída | 65

CAPÍTULO 6
A dona da história | 75

CAPÍTULO 7
Soam as trombetas | 91

CAPÍTULO 8
Rosa, a jovem viúva | 97

CAPÍTULO 9
O remontar dos cacos | 111

CAPÍTULO 10
A vida por um fio | 119

CAPÍTULO 11
A volta por cima | 127

CAPÍTULO 12
O reencontro | 143

CAPÍTULO 13
Os milagres | 161

CAPÍTULO 14
Chegada a Compostela | 167

CAPÍTULO 15
Comunicações medievais | 177

CAPÍTULO 16
Um novo amor | 185

CAPÍTULO 17
Rumo ao Caminho Português | 195

CAPÍTULO 18
Encontra-se o milagre | 201

Referências | 207

Agradecimentos

A Isabel, pela generosidade com que me expôs sua emoção.

Ao Leco, pela paciência e ajuda.

Ao José Arruda, pelo estímulo para escrever este livro.

Ao Gui, pelo socorro digital.

À embaixatriz Marília Sardenberg, pela calorosa hospedagem na cidade do Porto.

À Beth Palermo, pela dica Campo de Estrelas.

Ao Nirlando Beirão, pela sugestão de incluir no livro minhas aventuras (e à Marta que me repassou a ideia)

A Sylvia e Joanna Esch, por existirem.

Prefácio

Toda viagem é, em princípio, pedagógica. Por quê? Porque é fonte viva daquilo que Walter Benjamin dizia ter-se acabado na modernidade, ou seja, a *experiência*. É como bem observa, num outro contexto, o arabista Paulo Farah: "a associação entre viagem e experiência se reflete nas raízes etimológicas das palavras indo-europeias para viagem, que demonstram a proximidade do alemão *Erfahrung* (experiência) e *irfaran* (viajar, no alto alemão antigo, *Althochdeutsch*). Muitas reflexões dependem das experiências em primeira mão de outros, associação entre conhecimento e autópsia (no sentido grego da palavra: o ato de ver com os próprios olhos) ou 'iyán' (testemunho, ver com os próprios olhos)."

Na esfera do saber clássico, essa relação entre mobilidade e conhecimento (ou narratividade) — também presente na Antiguidade grega, quando *theóros* era tanto espectador ou sujeito do conhecimento quanto o viajante que vai consultar o oráculo — contrapõe-se evidentemente à predominância do tempo sobre o espaço na modernidade europeia. A palavra "experiência" não deve ser aqui associada ao que as ciências naturais chamam de "experimento". Trata-se mesmo de um processo mediador, autorreflexivo e constitutivo da consciência do sujeito.

Benjamin apoia-se na distinção semântica entre experiência e vivência. "Experiência" é o que ele filosoficamente entende por *Erfahrung*, isto é, o conhecimento que se aufere da vida prática. Já "vivência" (*Erlebnis*) é a revelação que se obtém num acontecimento, numa experiência íntima do sujeito. É algo individual, imediato e transitório, cuja duração retém apenas o instante de uma ocorrência, ao passo que a experiência se define por um trabalho demorado de incorporação à memória das reminiscências e sensações de toda uma base tradicional. O "fim" da experiência por ele anunciado é, na realidade, o fim da autoridade da "autópsia", do ver por si mesmo num espaço determinado, em favor da experiência temporalmente autorizada da escrita.

Aliás, a própria palavra "experiência" já inscreve etimologicamente a ideia de deslocamento espacial, de uma travessia a partir de um ponto original. Análoga, assim, ao que semanticamente implica *educar* (*educare*, *educere*), isto é, conduzir-se ou conduzir alguém de um ponto para outro — "viajar", em última análise. "Viagem" é de fato uma metáfora espacial adequada para o que está implicado no processo educacional.

Ora, todo esse nosso "latinório" comparece aqui para acentuar que *Procura-se um milagre*, de Celina Côrtes, é a narrativa de uma viagem, reflexo de uma vivência em busca de experiência. Não de natureza corporativa ou profissional, que já em muito lhe sobra da lide jornalística, mas experiência propriamente formativa, educativa em sentido lato, já que de algum modo complementaria o que ela define como "antigas buscas espirituais". Procurar um milagre: o seu livro budista de cabeceira, *Expansão da mente*, lhe serviria de bastão.

A "viagem" como que se impõe "espiritualmente" quando se empreende a busca de ampliação da identidade pessoal pela experiência. Sobre isso, é enorme a literatura do passado. Xavier de Maistre não precisou sair do próprio quarto (*Viagem ao redor do meu quarto*), Almeida Garrett fixou-se no próprio solo português (*Viagens na minha terra*) e há mesmo quem, agora na rede eletrônica, empreenda "Viagens na minha linha", ou seja, hibridize on-line realidade e ficção.

Em termos de itinerários, Celina é off-line, concreta com relação a solos e caminhadas. A sua rota, muito popular na imaginação peregrina e na mídia, é a do Caminho Português, que começa na cidade do Porto e termina em Santiago de Compostela, no norte da Espanha. Ali, ela própria, uma francesa chamada Isabel e a reminiscência medievalista de Isabel de Aragão, a santa rainha, protetora de Coimbra, entrecruzam-se em registros temporais diferenciados, compondo uma narrativa mista de ficção e história. Na história, atesta Celina, predomina o verídico.

A tessitura narrativa de *Procura-se um milagre* evoca, às vezes, a de uma tapeçaria, com suas idas e vindas das linhas. Tecelões e viajantes não raro se perdem nos pontos de costura ou nos atalhos dos caminhos. Celina Côrtes não se perde: ganha o leitor.

Muniz Sodré

Introdução

Em pleno século XXI, passou pelo Caminho Português — a rota que sai da cidade do Porto, em Portugal, e termina em Santiago de Compostela, no norte da Espanha — uma francesa radicada há vinte anos em Portugal. A essência dela é bem semelhante à da rainha Santa Isabel, que fez o mesmo caminho no século XIV, seja pelos milagres que realizou em vida e após a morte ou pelas ações humanitárias. As duas fizeram a rota portuguesa em épocas bem diferentes, mas a mobilização delas diante do sofrimento as aproxima. Seria uma a reencarnação da outra?

Três anos antes de fazer a peregrinação, a francesa que também se chama Isabel teve câncer no intestino com metástase para o fígado. O caso era tão grave que a única alternativa foi o transplante de fígado, uma cirurgia bastante delicada. Ela ainda contraiu hepatite B e, no meio do tratamento, resolveu sair do hospital.

Voltou para casa e aderiu a tratamentos alternativos que lhe devolveram a vida. Foi um processo de autoconhecimento, com resultados visíveis a cada dia. A metamorfose atingiu o corpo, a alma e trouxe profundas modificações no cotidiano desta brava mulher. Ao contrário da santa, terminou o casamento infeliz e programou o reencontro com um antigo amor em Finister, cidade à beira do Atlântico considerada o fim do mundo antes da descoberta das Américas. Isabel fez o caminho motivada pelo amor. Desafiou a doença, pôs a mochila nas costas e partiu com o forte desejo de se reencontrar e de procurar o homem de sua vida. O desfecho dessa história é surpreendente.

A obra social dela começou por um site e um livro para ajudar os doentes terminais. Faz parte do projeto encontrar uma casa no Caminho Português, onde pudesse atender os necessitados. Planeja ainda reservar um espaço aos peregrinos, com preços acessíveis e massagens para acalmar as dores. Assim como aconteceu com a rainha santa, virtude e tragédia se mesclam em sua vida.

E toda essa trajetória é contada por uma terceira mulher, pesquisadora e testemunha da viagem da francesa. Ao contrário de suas duas peregrinas, de santa ela não tem nada, embora faça algum esforço para purificar a alma. É uma andarilha que já deve ter percorrido a pé muitos milhares de quilômetros as rotas de Espanha e Portugal, as encostas íngremes e escarpadas da cordilheira dos Andes e os caminhos criados no Brasil, à imagem e semelhança do de Santiago de Compostela.

Seu convívio com a francesa foi tão intenso que ela tomou a liberdade de narrar a história em detalhes. E aproveitou para contar sua própria história, ou pelo menos os episódios interessantes e divertidos. A brasileira constatou que a endorfina liberada pelo organismo é um santo remédio para os mais variados males. Desde a depressão à saudade crônica, passando pelo lumbago ou a fatídica dor de cotovelo. Ela anda em busca de alguma coisa que ainda não conseguiu encontrar. E talvez, no fim deste percurso, isso seja possível. Esta é a história da viagem espiritual de três mulheres antenadas ao seu próprio tempo.

CAPÍTULO 1

Campo de estrelas

Noite escura, coração da floresta. Época em que a única iluminação disponível eram as lamparinas a óleo de baleia. Mesmo assim, essas pálidas luzes só existiam nos pequenos centros urbanos ou em algum povoado. De repente, uma deslumbrante chuva de estrelas despencou sobre um bosque na Galícia, a noroeste da Espanha. O fenômeno, que passou ao largo das lunetas dos astrônomos, aconteceu no início do século IX. Foi testemunhado apenas pelo ermitão Pelaio, sempre em busca de uma caverna onde pudesse se proteger dos perigos da noite. Mesmo com o precário sistema de comunicação da época, prejudicado ainda mais pelo indesejável domínio dos árabes na Península Ibérica, o fato chegou aos ouvidos do bispo de Teodomiro, da cidade de Iria Flávia.

A notícia do campo de estrelas surgiu como uma bomba e logo o bispo mandou escavar todo o local. Segundo a lenda, Teodoro e Anastácio, auxiliares de Santo Tiago, há oito séculos haviam enterrado ali os restos mortais desse apóstolo de Cristo.

Nascido em Yafia, perto de Jerusalém, o pescador Tiago, filho de Zebedeu e Salomé — provável irmã de Maria — e irmão do apóstolo João, escolheu a Galícia para pregar o Evangelho após a morte de Jesus. Depois de Pedro, ele e João eram os apóstolos mais próximos a Cristo.

Ao voltar a Jerusalém, Tiago foi martirizado e decapitado no ano de 44 d.C., por ordem do rei Herodes Agripa. O pescador é considerado o primeiro mártir entre os apóstolos e precisava de um cenário digno para o descanso final. Sorrateiramente, os dois ajudantes de Santo Tiago recolheram o cadáver e o transportaram de navio até a Espanha. Estavam certos de que seria o local perfeito porque conheciam a afinidade entre Tiago e a Galícia. Escolheram o aprazível bosque onde oito séculos depois aconteceu a chuva de estrelas, conhecido como Compostela. Naquele tempo, a Igreja já dominava alguns princípios de marketing.

Um pequeno exército de trabalhadores escavou cada centímetro do bosque, transformado num queijo suíço até conseguir resgatar a ossada. Os restos mortais eram de um corpo decapitado, condicionado dentro de uma pequena arca de mármore. O bispo não perdeu tempo: anunciou aos quatro ventos — sem a agilidade da internet — a descoberta dos restos mortais do santo.

Nasce a lenda de Santiago Matamouros, o estímulo que faltava aos espanhóis para expulsarem os muçulmanos de seu território, que lá estavam aboletados desde 711 d.C.

Graças a aliança do Estado com a Igreja, o rei das Astúrias e da Galícia, Afonso II, mandou erguer um santuário para São Tiago no Campo de Estrelas, mais tarde chamado de Compostela. No mesmo local onde já havia uma pequena capela.

As obras da magnífica catedral começaram no século IX, dando origem ao terceiro maior santuário dos católicos, depois de Jerusalém e do Vaticano.

O templo foi saqueado pelo rei árabe Almanzor, que, apesar de sua terrível fama, teve a delicadeza de poupar as relíquias do apóstolo. Ao que parece, a tão decantada selvageria árabe poderia não passar de fruto da poderosa propaganda católico-cristã.

Começava então uma das primeiras formas de turismo da humanidade: a peregrinação dos devotos rumo a Santiago de Compostela. A partir daí, surgiram várias rotas medievais para facilitar o deslocamento dos peregrinos sobre os vestígios deixados pela ocupação romana. Eram tipos que tinham em comum o desprendimento, a religiosidade, o martírio e o ardente desejo de salvar a alma. Portavam sempre uma sacola, cajado e a vieira, a concha que simboliza o santo.

Ao longo do percurso foram construídas pontes, igrejas, monumentos e muralhas que resistiram à ação do tempo e se transformaram em relíquias históricas. Ainda hoje existem alternativas de caminhos demarcados em direção a Santiago que saem da França, Inglaterra, Alemanha, do sudeste da Espanha e de Portugal.

As rotas foram percorridas principalmente por pessoas comuns, além de alguns reis e santos. Depois de chegar a Compostela, muitos seguiam até o cenário sublime e sinistro de Finister. Para alguns, a vida havia perdido o sentido e após a chegada ao santuário a única alternativa era se atirar dos penhascos para morrer. Até hoje o litoral é chamado de Costa da Morte. Ao que parece, o hábito macabro se restringiu à Idade Média, embora ainda possa existir como metáfora.

Entre os mais ilustres peregrinos — no sentido espiritual —, está São Francisco de Assis, que fez o caminho a pé, entre 1213 e 1214. A rainha santa Isabel, canonizada em 1625 pelo papa Urbano VIII, seguiu anônima pelo Caminho Português, em 1325. Ela vestia modestos trajes franciscanos, os mesmos que passou a usar depois que ficou viúva. O sacrifício foi oferecido ao marido Dom Diniz, rei de Portugal, falecido no ano anterior.

A dedicação ao rei, com quem ela se casou aos 12 anos, não impediu as frequentes traições do marido, por sinal tão comuns entre nobres e monarcas. Foi uma mulher extraordinária, de rara sensibilidade social, a quem se atribuiu milagres que a ascenderam à santidade. Isabel voltou a fazer a rota a pé um ano antes de morrer, em 1335. De seu esforço restaram poucos registros.

As peregrinações continuaram intensas até o século XIV, quando então começaram a diminuir. No século XX, entretanto, tomaram novo impulso. Ao mesmo tempo, a motivação das pessoas que se submetiam aos riscos das longas travessias foi aumentando e a infraestrutura ficou cada vez melhor. Confortável até, em alguns casos.

Com a popularização da psicanálise e das terapias alternativas, aumentou o número de visitantes em busca da peregrinação como uma forma de autoconhecimento. O filme *Via Láctea* (1968), do cineasta espanhol Luis Buñel, lançou um novo olhar sobre esses viajantes, retratados como uma espécie de figuras mitológicas.

O diário de um mago, livro de Paulo Coelho, deu um forte impulso à peregrinação, especialmente entre os brasileiros, que passaram a infestar as rotas rumo a Santiago de Compostela como abelhas no mel. Hoje os caminhos recebem cerca de 30 mil visitantes por ano.

CAPÍTULO 2

Porto-Santiago de Compostela

Uma amiga muito solidária levou Isabel de carro ao Porto. A cidade é linda, deu nome ao país — Porto Gales — e o centro histórico tem muitas atrações. Ela fez questão de acompanhá-la até o lugar onde Isabel começaria a aventura. Chegou a se oferecer para levar a mochila de carro enquanto a amiga caminhava a pé. Não se convencia de sua cura. O cuidado deixava Isabel comovida e a presença dela era fundamental para lhe dar confiança.

Só que Isabel não aceitou a ajuda. Quando decidiu trilhar o Caminho Português, era para fazer direito. Barba, cabelo e bigode. Estava disposta a enfrentar o que aparecesse pela frente como fizeram milhares de peregrinos nos últimos séculos. O máximo que poderia acontecer seria desistir, pegar um ônibus e voltar ao Algarve. Para quem já havia passado pelo que ela passou, não havia a menor possibilidade de que isso acontecesse.

O hotel que ela havia reservado pelo telefone era uma espelunca. Tanto que não houve sequer a chance de visualizar o local na internet. Nem por isso a impressão de Isabel sobre a cidade foi ruim. Chegaram em um dia ensolarado e passaram a tarde fazendo turismo. O centro antigo é poético, com prédios históricos e estátuas de heróis. Bastante precário, o comércio mantém lojas toscas que parecem estacionadas nos primórdios do século XX. A vista do Porto a partir de Vila Nova de Gaia, separadas pelo rio D'Ouro, é maravilhosa, e vice-versa. A cidade tem um circuito acolhedor de bares e restaurantes à beira do rio.

Isabel foi envolvida por uma sensação que misturava passado e presente, a começar pelo vinho do Porto — a mais típica bebida local produzida com uvas provenientes da região do Douro, no norte do país. Pelo fato de a fermentação não ser completa, é um vinho naturalmente doce e mais forte que os demais (de 10% a 22% de teor alcoólico). Ao mesmo tempo, são servidas as mais modernas marcas de cerveja, pratos típicos e comida globalizada. As duas se divertiram um bocado naqueles botequins. Na verdade, embalada pela ansiedade que não dava trégua, Isabel exagerou um pouco nos comes e bebes e passou a noite com os piores pesadelos. Reflexos da má digestão. Sonhou que era ameaçada por uma enorme onda. Mas ela corria, corria e conseguia escapar até a próxima onda, quando a angústia voltava em doses cavalares.

A quantidade de roupas penduradas em cordas na fachada das casas era uma indicação de que o lugar parou no tempo. Será que os costumes acompanhavam esse ritmo? Isabel gostava de tradição e preferia fantasiar que o povo do Porto é antigo como sua história. Aproveitou para pegar o carimbo para o passaporte de peregrina na catedral, a garantia de hospedagem gratuita nos albergues. A igreja fica no alto de uma colina e oferece uma bela vista panorâmica para a parte mais antiga da cidade. Um cartão-postal.

Ao mesmo tempo em que se encantava com os altares de ouro, que os portugueses trouxeram do Brasil, na igreja de São Francisco de Assis, se espantava como era possível homenagear o santo que fez o voto de pobreza com tanto fausto. O Vaticano não é diferente e a controvérsia existe. Muitos defendem a tese de que toda a riqueza é pouca para se louvar a quem merece. Teoria que nunca a convenceu.

Isabel tinha muita admiração pela vida exemplar de São Francisco e estava certa de que ele não se sentiria nada à vontade naquele ambiente luxuoso. Já era hora, porém, de deixar os devaneios de lado e assumir os propósitos: começar a longa caminhada. No íntimo, ela sentia que às vezes a coragem lhe faltava...

Resolveu aceitar o conselho de um amigo peregrino: iniciar a caminhada por Barcelos, que desemboca direto na zona rural. Ele havia dito que os arredores das grandes cidades costumam ser muito feios, sujos e desestimulantes. O Porto é como um caranguejo, requer a travessia da casca dura para se alcançar o miolo macio. E quanto maior a cidade, mais difícil sair de seu entorno. Despediu-se da amiga em lágrimas, coração apertado e foi para a estação. Encontrou um estranhíssimo grupo de ingleses que acompanhavam um trem raro, fanáticos que fotografavam cada vagão como se fosse uma nave espacial. Eram colecionadores, não dava para saber exatamente do quê. Há gosto para tudo neste mundo.

Chegou à cidade sob a luz de um belo fim de tarde, certa de que encontraria outros peregrinos. Sempre imaginou que houvesse muita gente nessa caminhada. Decidiu fazer o Caminho sozinha, com a certeza de que iria conhecer gente interessante para compartilhar a experiência e, quando quisesse, teria momentos de privacidade.

Quando deixou a estação ainda estava claro e não foi difícil encontrar o endereço do albergue que haviam lhe indicado. Ficava em uma larga avenida cheia de canteiros com pequenas flores vermelhas que desemboca na bela catedral e nas ruínas de um antigo palácio. Perguntou se ali havia algum peregrino hospedado e a resposta foi negativa. Frio na barriga. O proprietário percebeu um certo desconforto em seu olhar e se prontificou a telefonar para outros dois albergues onde havia possibilidade de encontrar alguém. Ambos estavam vazios. De repente, ela começou a se sentir tão abalada e insegura que nem teve vontade de sair para jantar. Era um mau começo. Tentou se convencer de que não era um mau agouro. Afinal, parte de seu processo de cura teve como pano de fundo um verdadeiro culto ao pensamento positivo. No dia seguinte, acordou bem-disposta apesar da noite maldormida por causa do barulho da festa na praça. Foi surreal um som naquela altura num lugarejo tão pequeno, coisas deste mundo globalizado. O pior é que a música era da pior qualidade e Isabel chegou a ter ímpetos de largar tudo para trás.

Teve a sorte, entretanto, de ter perdido a maior parte da audição do ouvido esquerdo, supostamente por causa de um vírus no nervo auditivo, adquirido no hospital quando sua filha nasceu. Os médicos só disseram que foi uma infecção hospitalar. Em horas como aquela era uma verdadeira dádiva, bastava pousar o ouvido bom no travesseiro que o ruído se reduzia drasticamente.

O tempo amanheceu encoberto, ideal para caminhar. Na verdade ela adoraria acordar com um dia ensolarado, convidando ao passeio. Deixou a cidade, cheia de vestígios medievais, e começou sua epopeia. O peso às costas a assustava, mas não era mulher de se abalar por miudezas. Logo percebeu que havia algo de estranho com a mochila: ela estava totalmente desengonçada e a mais nova peregrina não tinha ideia de como resolver esse tipo de problema. Mas seguiu em frente, tentando encontrar um equilíbrio. Ou será que esse desequilíbrio era interior?

Aos poucos entrou em áreas verdes, algumas ainda queimadas pelo fogo que castigou grande parte de Portugal no início de 2005. Felizmente só teve que andar por um trecho queimado uma vez, mas foi um alívio ver que plantinhas verdes começavam a brotar naquele terreno inóspito. Começou a beirar os parreirais. As uvas maduras exalavam um perfume doce que lhe trazia uma agravável sensação de relaxamento, acentuada pelo canto dos pássaros. Volta e meia apanhava uvas e maçãs do pé, que revelavam um sabor local. Caminhos estreitos, de terra, onde não havia viva alma. Era domingo e Isabel tinha a impressão de que as pessoas ali não saem de casa para ver o sol, que já brilhava e tingia de um amarelo dourado a paisagem. Aos poucos foi recobrando a confiança.

Surgiu a primeira dúvida diante de um entroncamento. Não encontrou a seta amarela que sinaliza o Caminho, mas uma cruz amarela. Seguiu adiante e percebeu que estava perdida. Tinha ouvido um tiro e, do nada, apareceu um caçador. Um pouco antes, um pequeno cartaz dizia que ali era uma área liberada para a caça. O caçador, apesar de gentil, nada soube lhe informar. Pouco depois, entretanto, ela se localizou.

Aprendeu a primeira lição prática: a cruz amarela significa que não é por ali o percurso correto. Poderia até ser óbvio, se constasse no manual de sobrevivência dos peregrinos. Esse manual não existe, mas não custava nada alguém ter a ideia de fazer um para ajudar os incautos, como ela. Anotou mentalmente a informação para incluir em seu futuro projeto de ajudar os viajantes.

Viu ao longe uma colina e uma estrada asfaltada e pensou: será que teria de chegar até lá? Não só teve, como do topo do morro avistou um extenso horizonte à sua espera, sem nenhuma referência da distância que precisaria percorrer para chegar a Ponte de Lima, a próxima cidade. Nem sinal de um rio que justificasse uma ponte. Como sou parva, ela pensou, se tivesse ao menos um mapa não estaria passando por esse desconforto de não ter noção das distâncias. Na descida ficou aliviada com a alternativa de uma trilha pela floresta, mas havia uma bifurcação e ela pegou a opção errada. Dessa vez não havia nenhuma cruz ou seta. Quando viu que o trecho não dava em lugar nenhum, desanimou. Mas o que adiantaria? Voltou e retomou o caminho. Pensou que poderia ajudar se acrescentasse sinalizações onde faltava, mas não estava equipada para tanto. Ao chegar à planície, avistou um outro longo vale e sentou, inconformada. Já começava a se arrepender da ideia de fazer o Caminho, ainda mais sozinha, sem ninguém para se lamuriar. O pensamento negativo foi embora na mesma rapidez com que surgiu e aproveitou para catar no mato um pedaço de pau para servir de cajado. Ajuda a cadenciar o ritmo, faz companhia e pode ser muito útil para afastar animais indesejáveis, ela contabilizou.

Voltou a caminhar acreditando que poderia encontrar um lugar para dormir no meio do longo trajeto, mas passava por pequenos vilarejos perdidos e sem nenhuma infraestrutura. O jeito era continuar em frente. Ouviu um padre rezando missa, com som amplificado, e pensou como aqueles habitantes são vítimas da ditadura religiosa que parece dominar algumas regiões do interior de Portugal. Os padres pensam que são donos do ar...

Às vezes tomava consciência do peso da mochila, mas logo a atenção se voltava para as flores silvestres, lindas, e recuperava a energia. Para ela, uma eterna sonhadora, as pequenas flores eram as fadas da floresta e as árvores contorcidas, os duendes, que a acompanhavam, protegiam e estimulavam. Sempre acreditou que o musgo é a floresta das fadas, afinal, sua imaginação era estimulada pelos contos que acompanharam sua infância.

Enquanto as divagações a distraíam, em pouco mais de quatro horas de jornada, porém, foi invadida por um incontrolável cansaço. Entrou num bosque e escolheu uma sombra acolhedora para pousar a mochila. Pegou o sanduíche e pensou que o lanche a deixaria melhor. Comeu biscoitos energéticos, damascos secos e teve coragem para retomar a marcha. Começou alongando as costas, esticando as pernas e os braços. Um confortável espreguiçar. O percurso foi ficando cada vez mais bonito e ela conseguiu abstrair a preocupação em chegar.

Passou debaixo das parreiras, tirou fotos e se deleitou com a paisagem A solidão não pesava. Ainda. Ninguém à vista. Não conseguia se imaginar fazendo esse caminho sozinha, tinha certeza de que acabaria cruzando com algum peregrino até o reencontro com Gilbert.

Os dois se conheceram quando Isabel tinha 13 anos. Ele era amigo da irmã mais velha dela. Sentiu um encantamento desde o primeiro encontro, mas ela se achava muito miúda para chamar-lhe a atenção. Viram-se algumas vezes durante a adolescência e ele foi o único a despertar-lhe esse tipo de sentimento, com perfume de jasmim e textura de pétala de rosa. Até hoje Isabel não sabe se ele e a irmã namoraram. O fato é que Gilbert foi um amor platônico durante toda a adolescência dela.

Já tinha 20 anos quando ele voltou à casa da família. Como não encontrou ninguém, deixou um bilhete para Isabel, o único que ela guardou da juventude e mantinha até hoje na carteira. Era um texto bonito, rimado e carinhoso. Dizia o quanto estava decepcionado por não tê-la encontrado e a convidava para ir à casa dele, em Nantes. Por coincidência, a cidade onde ela tinha nascido. Não acreditou no que leu. Foi com o coração aos saltos.

Encontrou um ambiente à luz de velas, mesa posta com copos de cristal. Jantaram divinamente, tomaram vinho e conversaram com uma intimidade inédita entre eles. Havia uma doce fragrância de incenso no ar e a atmosfera era de intensa sensualidade. Os dois se tocaram pela primeira vez. Foi uma descarga elétrica. Beijos apaixonados e preliminares que culminaram em seu mais intenso ato de amor. É verdade que quase não tinha experiência para comparação, mas a lembrança daquele dia a acompanhou por muito tempo, quase como uma obsessão.

Começaram a namorar. Ele morava em Nantes, e ela em Paris, onde estudava. Tinham longas conversas e uma surpreendente proximidade para quem não se conhecia tanto assim. Nunca tinha sentido uma troca tão abrangente, não havia assunto impróprio, tabus ou proibições. Valia tudo. Tanto na cama quanto nas noites que viravam, só conversando. Davam-se tão bem como o queijo e o vinho tinto. Só que os amigos dele eram mais velhos, o que fazia com que Isabel se sentisse meio deslocada. Nada, no entanto, que não compensasse aquele idílio.

Foi nessa época que ele conheceu a mulher com quem acabou se casando mais tarde. Ao mesmo tempo em que se sentia apaixonada, era como se fosse uma carta fora do baralho. Difícil explicar.

Um dia, foi surpreendida com um convite para morar na África, onde Gilbert pretendia passar um tempo trabalhando. Costumava dizer que eles precisavam de um lugar reservado para viver o amor. Claro que Isabel não se dava conta do quanto era imatura e inexperiente, embora já tivesse viajado bastante. Apesar disso, recusou sem pensar duas vezes. Definitivamente, não fazia parte de seus planos se esconder em um lugar no fim do mundo, longe da civilização. Nessa hora surgiu uma oportunidade de viajar para a Califórnia, onde morava uma amiga. Vinha a calhar. Ainda não sabia se teria coragem, mas passou a namorar a ideia.

Já tinha vivido um tempo fora da Europa, quando passou três meses no interior do Japão, com outra amiga. Não era o tipo do programa que os europeus costumavam fazer e muito menos as mulheres. Só que Isabel nunca se enquadrou muito no lugar-comum. Aos 18 anos foi para Paris estudar Línguas Orientais, na Sorbonne. Era um desafio misturado com aventura.

Tinha uma grande curiosidade para conhecer um pouco mais da cultura oriental e gostou do que viu. Foi a um templo zen-budista que a deixou muito impressionada. Era uma casa simples, de traços arquitetônicos neutros onde não se via um pó de sujeira no piso de granito. O incenso dominava o ar. Os monges de preto, cabeça raspada, faziam suas tarefas com expressão de alegria. Conversou um pouco com o abade, ele a convidou para participar de um *secchin*. São sete dias em silêncio, na maior parte do tempo sentados, seguidos por um ritual que eles chamam de *zazen*: a meditação em posição de lótus, quarenta minutos virados para a parede.

A atenção se volta exclusivamente para a respiração. O mundo se restringe ao ar que entra e ao ar que sai dos pulmões. No cotidiano do templo, todas as tarefas, desde a limpeza à cozinha, são divididas entre quem estiver ali. Não há hierarquia, a não ser por uma espontânea deferência ao abade. Simplesmente porque ele representa conhecimento, sensibilidade e experiência de vida. Os relatos dos que saíam eram de uma indescritível sensação de bem-estar. Infelizmente, faltou a Isabel disponibilidade para experimentar, mas voltou de lá com essa curiosidade. Um dia, quem sabe?

Os japoneses são muito educados e cuidadosos, surpreendia-lhe a deferência com que a tratavam e sobretudo à amiga, que parecia americana, sempre de calça jeans e tênis. Achava impossível que eles não tivessem ódio do povo que jogou a bomba atômica em Hiroshima. Saiu do Japão com a certeza de que foram os americanos que construíram a imagem tão negativa daquele povo cordial, por meio do cinema.

Fez as malas e seguiu para os Estados Unidos. Não se despediu de Gilbert. Foi lá que conheceu seu marido, Antonio, um português que passava uma temporada na Califórnia. Assim como ela, mais tarde Gilbert se casou e teve dois filhos. No Natal de 2002, soube por um amigo comum que Gilbert estava mal, porque tinha perdido o pai, um irmão e o melhor amigo. Isabel já nem se lembrava dele e resolveu procurá-lo, para dar uma ajuda.

A essas alturas seu casamento não existia mais. O amor tinha acabado e o companheirismo, também. O casal não tinha mais vida sexual havia dois anos. Isabel sempre se dispôs a fazer tudo o que Antonio queria, exceto a sodomia, que nunca a agradou. Para ela foi uma surpresa saber que ele pagava para se relacionar com outras mulheres. Realmente os homens funcionam diferente. Antonio não queria romper o casamento e também não demonstrava nenhum interesse por ela. Percebia seu olhar de desprezo. É verdade que foi solidário na doença. E pronto.

De início não teve coragem para sair de casa, porque não tinha renda própria. Depois que escreveu o livro sobre seu processo de cura, adquiriu independência suficiente para alçar novos voos. E era uma vitoriosa na luta que travou contra a doença, o que a encheu de força. Depois da cura total, sua primeira ideia foi fazer o Caminho Português. Era ao mesmo tempo uma espécie de autoafirmação da confiança que adquiriu e uma fuga da infelicidade conjugal.

Quando enviou o e-mail para Gilbert, aproveitou para convidá-lo para a caminhada, sem maiores expectativas. Passaram-se seis meses quando recebeu uma surpreendente resposta. Ele revelou que nunca tinha conseguido esquecê-la, sofreu demais quando ela partiu para os Estados Unidos e que acabou casando com uma mulher que não amava para tirá-la da cabeça.

Isabel ficou completamente abalada e se deu conta de que ele nunca deixou de ocupar um espaço nobre no coração dela. Mandou outra mensagem e ele voltou a sumir. Um dia telefonou. Disse que não sabia o que queria, mas sabia o que não queria: continuar casado. Estava desnorteado por ter descoberto que o filho usava drogas. Ele encarava o problema como se não houvesse solução.

Para ela, que tivera uma trajetória bem diferente e não considerava droga um tabu, seria fácil ajudá-lo. Começaram a conversar com a mesma intimidade dos tempos de namoro e ela percebeu que era como se os 25 anos que ficaram afastados não existissem. O sentimento continuava vivo.

Isabel escreveu outro e-mail e abriu o coração. Começou perguntando: "você acredita em histórias de amor?" Disse que continuava apaixonada, que precisava reencontrá-lo e que seu casamento estava no fim. Sabia pelo amigo em comum que ele não daria um passo se não tivesse a certeza da disponibilidade dela.

Gilbert telefonou e se declarou. Parecia que voltavam a pegar fogo. Contou que também vivia uma longa abstinência sexual e conversaram com a intimidade de dois amantes. A ligação foi interrompida quando a filha dele apareceu e, mais uma vez, ele sumiu. Uma das coisas que pediu foi para não pressioná-lo. Isabel respeitou, partindo do princípio de que quem ama, liberta. Mas foi difícil controlar a vontade de falar com ele.

Na véspera da viagem de Isabel ele mandou o seguinte torpedo: *não me esqueça*. Também pedia paciência para organizar a vida e prometeu encontrá-la em Santiago no sábado, 8 de outubro, dia em que ela planejou chegar a Compostela. Isabel intuiu que a solidão estava com os dias contados.

Mesmo assim, torceu muito para fazer amigos no percurso. Alguns trechos eram árduos e uma companhia faria muito bem. Não dava para saber se foi o medo que a ajudou a pegar um resfriado. A tosse atrapalhava o sono. O que mais motivava a caminhada, ela admitia, era o resgate desse amor tão forte que passou anos hibernando. Mas e se ele não aparecesse?

CAPÍTULO 3

A rainha peregrina

Coerente com o estilo de vida da Idade Média e o seu próprio estilo, a rainha Isabel decidiu ir à Santiago de Compostela como uma simples peregrina em luto pela morte do marido que tanto amou, o rei de Portugal, D. Dinis. Segundo o relato do padre franciscano Juan Carrillo, de 1625, a rainha fez a maior parte do Caminho a pé. O detalhe é que nessa época não existiam as providenciais setas amarelas para indicar a direção, muito menos a abundância de bares e hotéis que acolhem os viajantes durante o percurso. O gesto de dedicação de Isabel seria impensável nos dias atuais, já que ela sempre sofreu com as traições do marido e criou os filhos bastardos com o mesmo cuidado que reservou aos seus, Constança e Afonso.

O rei teve cinco filhos e duas filhas, com várias mulheres. Poeta e trovador, D. Dinis morreu em janeiro de 1325, mesmo ano em que Isabel deixou Coimbra às escondidas com poucos acompanhantes rumo a Santiago. Vestia o hábito franciscano e fez o percurso anônima, até chegar à cidade erguida para o apóstolo Tiago, o santo protetor da Espanha, de quem era devota.

Os detalhes da caminhada se perderam no tempo. Alguma coisa, entretanto, foi possível resgatar. Levou donativos ao templo, entre eles uma coroa de ouro com pedras preciosas. Recebeu do arcebispo um bordão e uma pequena bolsa de peregrina, que a acompanharam até o fim da vida e com os quais foi enterrada. Quando voltou da peregrinação, a notícia se espalhou e a população corria para se ajoelhar à sua passagem. Já era considerada santa e querida pelo povo. Repetiu a rota aos 64 anos, também anônima. Dessa vez, fez todo o percurso a pé, com poucos acompanhantes.

Quando nasceu, em fevereiro de 1271, a rainha Isabel promoveu a primeira boa ação: a reconciliação familiar. O avô, D. Jaime, o conquistador rei de Aragão, reino independente mais tarde anexado à Espanha, voltou a se relacionar com o pai de Isabel, o príncipe D. Pedro. Isso graças à doçura da menina. A mãe, D. Constança, filha do rei Manfredo da Sicília e sobrinha do imperador Frederico II, da Alemanha, escolheu o nome da filha por causa da tia, Isabel da Hungria, mulher virtuosa que deveria lhe servir de modelo. De fato serviu. Só que a menina foi muito além. O pai era jovem e naquela época só pensava em viver a vida, delegando a criação da filha ao avô. No leito de morte D. Jaime previu, acariciando a neta de 6 anos, que a menina se tornaria a pedra mais preciosa do reino de Aragão.

Desde pequena, Isabel encantava a todos por sua inteligência, perspicácia e humanidade, que se expressavam no extremo cuidado com os pobres. Sua fama correu os reinos da Europa e atraiu o interesse de monarcas. Mas o que acabou determinando seu casamento com o rei de Portugal foi a mesma geopolítica que unia a maioria dos nobres durante a Idade Média: interesse. Fato semelhante aconteceu com a mãe, cujo matrimônio foi estabelecido para aproximar a coroa siciliana dos Hohenstaufen da Casa dos Aragão.

Aos 12 anos, quando Isabel foi considerada pronta para o casamento — como era costume na época, provavelmente por já ter menstruado —, Castela era o reino mais poderoso da Península Ibérica. Com espírito expansionista, Castela já tinha anexado Leão a seu território, mas queria dominar outros três reinos: Navarra, Aragão e Portugal, este último o mais cobiçado, por causa do acesso ao oceano Atlântico.

Nessa época, a Península, assim como toda a Europa, reproduzia um verdadeiro ninho de vespas. Eram tempos de capa e espada e o adiantado nível de civilização do Velho Continente foi alcançado à base de muito sangue, intrigas e traições. Talvez a constatação sirva de consolo para os povos que ainda se digladiam para virar a página da barbárie.

O jovem D. Dinis, muito garboso aos seus 20 anos, achou que seria ideal o enlace com Isabel, porque uniria Aragão e Portugal, em oposição a Castela. E ainda teria uma esposa formosa, culta e inteligente. Como se não bastasse, Isabel era piedosa, valorizado perfil naquele período, que poderia servir de exemplo às frívolas damas portuguesas.

A esplendorosa festa de casamento teve como cenário a cidade de Barcelona, em fevereiro de 1282. Faltava, porém, o principal: marido e mulher. O rei luso se fez representar por procuradores, o que deu ao pai de Isabel, D. Pedro III, mais tempo para apreciar a companhia da filha, já que ele finalmente passou a ser seu grande admirador. Antes tarde do que nunca. A união levou um ano e quatro meses para se consumar, na Vila de Trancoso, em Portugal.

O principal motivo para tanta demora era a explosão de conflitos por todo o território de Castela, o que poderia colocar em risco o deslocamento da rainha. O pai chegou a pensar em enviá-la por navio. Por fim, Portugal e Aragão firmaram com D. Sancho de Castela um pacto de paz para que Isabel pudesse atravessar o território em segurança. Os festejos foram abertos aos populares que tiveram a primeira chance de conhecer mais de perto a nova e bela rainha. Isabel tinha um metro e setenta, atraentes olhos verdes e cabelos louros que ficaram castanhos com o passar dos anos, mas não chegaram a embranquecer.

Ao contrário da maioria das mulheres da época, era bastante culta. Conhecia o latim, a música e o português. Era a esposa ideal para o monarca intelectual — primeiro rei não analfabeto de Portugal — que estabeleceu o galego-português como idioma oficial do reino. Tinha noções de arquitetura e engenharia, que a permitiam vigiar obras de perto, como a construção do Mosteiro de Santa Clara, em Coimbra, de quem também era devota. Fazia a planta, corrigia os trabalhos e dava instruções tão precisas aos mestres de obras que ninguém ousava contestá-la.

O conhecimento científico dela chegou a levar as pessoas a confundirem certas iniciativas com milagres, embora ela tivesse sido de fato — como investigou mais tarde a Igreja — responsável por vários deles. Durante uma Sexta-feira Santa, em Santarém, Isabel mandou vir às escondidas a seu palácio vários leprosos, o que era terminantemente proibido pelo risco de contágio. Em segredo, reuniu os doentes em uma sala, onde lhes deu roupas e esmolas.

O mais mutilado deles, porém, se perdeu dos outros e acabou parando na portaria do paço. O porteiro, indignado com a desobediência, feriu a cabeça do leproso a pauladas.

Naquele exato momento passava por ali uma amiga da rainha. Ao ver o doente com uma forte hemorragia, se contorcendo de dor, foi contar o caso a Isabel. A rainha pediu que o homem fosse levado a casa que a amiga mantinha em Santarém e prometeu encontrá-los o mais breve possível. Assim que chegou, examinou a ferida, aplicou no local clara de ovos e voltou ao palácio.

Ao amanhecer, mandou um emissário lhe trazer notícias do leproso e ficou feliz ao saber que as claras fizeram cessar não só as dores, como a hemorragia. A iniciativa não surpreenderia nos dias atuais, quando já se sabe que essa parte do ovo é rica em proteínas e ajuda na coagulação do sangue. Não foi à toa que a Academia de Ciências de Coimbra a escolheu como padroeira, passados mais de 400 anos de sua morte.

O milagre mais conhecido aconteceu durante o período da Grande Fome que se abateu sobre Portugal em 1333, causada pela total esterilidade das terras. Até os ricos penaram com a falta de alimentos. A rainha providenciou a importação de uma grande quantidade de trigo proveniente de lugares remotos, a preços exorbitantes. Depois abria seus celeiros aos indigentes.

O gesto, talvez, tenha contribuído para credenciá-la a se tornar a padroeira dos padeiros.

Nessa época, Isabel foi ao mosteiro de Santa Clara, levando moedas de ouro para doar aos pobres. Ao entrar no pátio encontrou por acaso D. Dinis, que visitava as obras locais. O rei percebeu a surpresa da esposa e notou que ela tentava lhe esconder alguma coisa. "O que levas aí?", perguntou. "Rosas", respondeu a rainha, um tanto desconcertada. D. Dinis disse a ela que teria muito prazer em apreciar rosas durante o inverno, em pleno janeiro. Para surpresa de todos, foram rosas que apareceram da sacola de Isabel. A submissão que caracterizava a época nunca levaria a rainha santa a romper com o marido, a quem aprendeu a amar.

Apesar do tempo que separa, as duas peregrinas têm muito em comum. A Isabel do século XIII arriscou a vida por D. Dinis, mesmo sem o merecimento do marido.

CAPÍTULO 4

Diagnóstico: câncer

O risco de não encontrar Gilbert existia, mas pior foi o estado como Isabel chegou a Ponte de Lima. Pensou até em desistir. Com uma mistura de cansaço e raiva dela mesma por ter se exposto a um esforço muito grande, se consolou achando que no dia seguinte apelaria ao ônibus. Desistiu. Sabia o quanto esse tipo de escolha a deixaria insatisfeita consigo mesma. Seria uma derrota. Na realidade estava cansada demais para pensar no dia seguinte.

A chegada à cidade acontece pela soberba Avenida dos Plátanos, à beira do rio. Quase desfaleceu em um banco público à sombra das árvores frondosas, diante de transeuntes indiferentes. As pessoas simplesmente aproveitavam, alegres, os últimos raios de sol de um domingo. Foram 33 quilômetros que não acabavam nunca. Sua coluna doía muito, achou que ia desistir de tudo e a única ideia que a consolava era a de pegar um ônibus no dia seguinte. Afinal, já tinha sofrido tanto com a doença e não fazia o menor sentido continuar a sofrer.

Sua amiga telefonou preocupada, mas ela preferiu não abrir o jogo e disse que estava tudo ótimo. Da avenida avistou uma formidável ponte romano-gótica de 25 arcos — deu para contar, apesar do cansaço —, cuja beleza só conseguiu apreciar no dia seguinte. Com muito esforço, quando alcançou as informações turísticas, um funcionário informou que ainda havia gente no local e apontou as escadas. Não daria para descrever o sacrifício com que ela subiu aqueles degraus. Quando chegou lá em cima, o escritório estava fechado. Ficou possessa.

Pediu para um casal que passava a indicação de uma pousada com preço acessível. O homem apontou para uma torre mais adiante e disse que ali ficava a polícia, onde poderia obter informações. Conformada, seguiu o rumo indicado e, quando começou a subir mais uma ladeira voltou a perguntar, por precaução. Uma senhora apontou a direção oposta. Que ódio!

Logo adiante avistou uma jovem mochileira no ponto do ônibus, que lhe passou o serviço completo. Usava um daqueles ótimos guias — Isabel preferiu não trazer um para não carregar mais peso, grande equívoco que lhe custou caro — e deu duas alternativas:

um hotel barato ali perto ou o albergue da juventude, com preço bem razoável, porém a um quilômetro de distância. Pensou na possibilidade de pegar um táxi mas achou que seria mais conveniente ficar perto do centro histórico.

Decidiu pela primeira alternativa, sentindo um sopro de coragem. E outra espelunca. O único quarto disponível não tinha banheiro. A essas alturas, no entanto, toparia qualquer coisa. Usou suas sandálias de borracha para tomar banho e tudo parecia melhor. Saiu para dar uma volta sem aquele opressor peso da mochila, ainda com luz do dia, e só então percebeu o quanto a cidade era linda. Sentiu-se outra mulher depois de tomar um caldo verde e comer uma suculenta salada, com uma inusitada variedade de folhas e legumes. Parou de pensar no que iria fazer e simplesmente deixou as coisas acontecerem.

No dia seguinte, procurou uma igreja e doou uma calça e blusa, que pareciam supérfluas e acrescentavam alguns gramas ao peso da mochila. Paciente, esperou 20 minutos na fila do correio para despachar três pequenos livros e, ao menos psicologicamente, parecia mais leve. O bem-estar abriu espaço para que voltasse a pensar em si mesma.

Ao mesmo tempo em que o encontro com Gilbert parecia vital, continuar sozinha era um risco superável para ela, que já tinha sentido a morte tão de perto. Sempre soube o quanto o afeto norteava sua vida. A constatação ficou óbvia em 1999, quando se deu conta de que vivia um amor platônico por Paulo, um enólogo. Dono de restaurante, como ela.

Nessa época, Isabel era dona de um restaurante de comida francesa, em sociedade com seu irmão. Foi uma fase boa da vida, a casa vivia cheia, os clientes adoravam a comida e o ambiente era acolhedor. Saía de manhã para escolher frutas e legumes da estação na feira e organizava o cardápio. Às vezes ia para a cozinha preparar uma sobremesa ou dar palpites em algum prato. Seu maior prazer era receber os clientes.

Levava um certo jeito para relações públicas, as pessoas sempre a acharam simpática e comunicativa. Com Paulo foi um pouco além de uma relação com um cliente agradável. Embora não tenha acontecido nada de concreto entre eles, Antonio desconfiou. Intuição forte para quem já não passava por uma fase nada boa. Ele estava insatisfeito com o trabalho de hoteleiro. O marido bebia muito e uma noite chegou em casa mais nervoso que o normal. Deu um tapa no rosto de Isabel e aquilo a deixou péssima. Para ela, foi a constatação de que o casamento tinha acabado.

Ruminou muita tristeza e, no ano seguinte, recebeu o diagnóstico: estava com câncer. Claro que foi todo um processo que culminou naquele momento. O sinal vermelho apareceu num fim de tarde, quando ela relaxava com Antonio diante de um magnífico pôr do sol à beira mar, no Algarve. Por sorte tinham conseguido um ingresso na última hora e esperavam ansiosamente para assistir ao espetáculo de Luciano Pavarotti, na comemoração da chegada do ano 2000.

Sentiu um forte espasmo de dor do lado direito do estômago e pensou: não era hora para aquilo. Ela já tinha sentido várias vezes esse tipo de perturbação e um médico chegou a dizer que seu problema era vesícula preguiçosa. As dores vinham acompanhas de vômitos e diarreia, mas Isabel nunca se importou com os sintomas. Sempre passavam após dois dias de dieta. Sua última crise surgiu após uma acirrada discussão com seus pais sobre reencarnação e vida após a morte. Como bons católicos, ambos renegavam a tese, que ela defendia com unhas e dentes. Naquele momento, contudo, ficou óbvio que havia um vínculo entre os sintomas e seu estado emocional.

Resolveu procurar um médico. Depois de tatear seu abdome, ele parecia preocupado e mandou que ela fizesse exames de urgência no hospital. Durante horas a viraram do lado do avesso até que foi encaminhada ao consultório médico. Percebeu, pelas letras bordadas em azul no jaleco do homem que a atendia, que aquela era a sessão de oncologia. A expressão do médico era de desolamento e ele não conseguia disfarçar.

Perguntou há quanto tempo ela sentia os sintomas e se surpreendeu ao saber que o desconforto a incomodava havia mais de seis meses. Isabel achava que aquilo tudo podia ser consequência de seu novo hábito de tomar chá verde, com propriedades diuréticas. Quando o interrogatório acabou, o médico chamou Antonio para uma conversa reservada. Isabel ficou danada. O diagnóstico tinha que ser dado a ela e não a ele. Malditos médicos machistas. A tecnologia avança e eles continuam a viver como se estivéssemos na Idade da Pedra.

Quando deixaram o hospital, Antonio estava lívido. Isabel perguntou se o problema dela era grave e quanto tempo ainda teria de vida, já pressentindo o pior. Ele limitou-se a lhe entregar o envelope das radiografias acompanhado do seguinte relatório: *o fígado apresenta sinais de lesões e incontáveis nódulos de vários tamanhos, dois dos quais com setenta e noventa milímetros de diâmetro, derivados de uma lesão primária ainda não localizada. Recomendamos uma série de exames digestivos nos próximos dias...*

Câncer no fígado, ela raciocinou, lentamente. Seu mundo despencou. Não conseguia acreditar que a morte a rondava, com seu odor putrefato. Sempre se sentiu cheia de vida. Ela foi para casa, entrou no quarto e apagou a luz. Sua cabeça rodava. Aos poucos foi tomando consciência da apavorante realidade. Pensou nos filhos e em como seria a vida dali para a frente. Respirou fundo e se acalmou, mas não conseguia pegar no sono. Por um momento pareceu que nada mais valia a pena, que podia começar a desistir da vida. Havia no entanto um outro lado que a empurrava para a frente. E foi nesse lado que ela se agarrou.

O mais curioso é que acabara de ler *Nós ainda não nos despedimos*, de Marie Hennezel, experiente psicóloga francesa no acompanhamento de doentes em fase terminal de câncer. Nada acontece por acaso. Era um dos livros que havia encomendado a sua mãe para o curso que começava, de Psicologia Clínica.

Tinha chegado aos 40 com a decisão de deixar de ser apenas mãe e a senhora Antonio. Precisava buscar um significado para a vida, mesmo porque os dois filhos já não eram crianças, dependiam cada vez menos dela e o casamento não andava nada bem. O curso era uma novidade em Portugal, uma especialização em cuidados paliativos com doentes terminais. Entre outras coisas, ensinava pequenas medidas que podiam ajudar muito os pacientes nesse momento tão difícil.

Registrou uma importante mensagem do livro: *a doença não é uma fatalidade e sim uma experiência de vida*. Foi um conceito fundamental para o seu processo. No esforço para voltar a respirar e tirar a cabeça do súbito lamaçal em que havia se atolado, se deparou com um pensamento positivo: ia viver a experiência de uma doença terminal e sair dela.

Essa seria uma atitude definitiva para que mais tarde ela pudesse ajudar os outros em situação semelhante. Em segundos, conseguiu fazer uma metamorfose tão profunda em sua dura realidade que aquele dia ficou gravado na memória não como o mais infeliz, mas como o início de uma nova vida. Só assim seria capaz de promover as necessárias mudanças internas para se libertar da doença.

Nova batelada de exames, duas semanas depois, alterou o diagnóstico inicial. O médico disse que tinha uma boa e uma má notícia e quis saber qual delas ela queria ouvir primeiro. Começou pela boa. Os nódulos no fígado não eram tumores, mas lesões. A má notícia era a biópsia a que ela teria de se submeter. Sabia que não seria nada fácil a retirada de um pequeno pedaço de seu fígado para exame, mas não deixava de ser uma esperança.

O problema é que o hospital não dispunha de equipamento para fazer o procedimento. Então, ela decidiu esperar um pouco enquanto se acostumava com aquele desagradável contexto. Nessa época, teve a sorte de conhecer o Dr. João, um especialista em cirurgia hepática de Lisboa que passava férias no Algarve. Era a pessoa certa para o momento. A empatia foi instantânea. Sugeriu que a biópsia fosse realizada no hospital onde trabalhava.

Quando veio o resultado do exame, ponderou: não era nem muito bom, nem muito mal. Explicou que as lesões no fígado eram provenientes de um tumor neuroendócrino, raro em sua faixa etária, chamado carcinoide. Até aquele momento o tumor não fora localizado. E sugeriu um transplante de fígado como melhor solução. Mas admitiu que antes era preciso descobrir o tumor primitivo e pediu que ela voltasse ao hospital para mais uma série de exames.

Queria a opinião de outro médico e indicou um especialista francês. Isabel ficou tonta com aquelas informações. O que mais a assustava era a perspectiva de um transplante, algo que jamais havia passado por sua cabeça. Como seria viver com o fígado que foi de outra pessoa, já falecida? Estranhíssimo. Lembrou-se dos primeiros transplantes feitos na França na década de 1970, Dr. João dizia que o procedimento tinha se tornado comum. Só se fosse para quem não está entrando na faca...

Ela encontrou na internet uma explicação, na qual custou a acreditar. O tumor carcinoide, segundo o texto, seria causado pelo excesso de serotonina no organismo, responsável por sintomas como diarreia, vômitos e dores de cabeça. Ela havia aprendido em seu curso de Psicologia que a serotonina é um neurotransmissor, mensageiro químico das sensações de prazer. Depois entendeu que a serotonina que conhecia ficava no cérebro, enquanto essa, que a atacava, estava no corpo. A conexão com o prazer talvez pudesse ajudar a explicar o fato de ela não ter se deprimido, pelo menos no início da doença.

A série de exames localizou afinal o tumor primário. Estava no intestino reto e não tinha menos de 5 milímetros de diâmetro. Como seu caso era raro para uma pessoa de seus 42 anos, já que os tumores carcinoides só costumam atingir pessoas acima de 70, acabou recebendo o acompanhamento de uma junta médica. Inspirou muita polêmica.

Alguns achavam que o tumor deveria ser extirpado na mesma cirurgia do transplante de fígado. Outros defendiam duas operações. Isabel simpatizou mais com a primeira hipótese, preferindo atacar todo o mal de uma só vez. Não fazia, porém, vaga ideia do que a esperava.

O especialista francês não recomendava o transplante, e sim oito sessões de quimioterapia leve. Quando ela quis saber qual a diferença entre a leve e a pesada, o médico explicou que o primeiro tratamento não provocava a queda de cabelos. Isabel percebeu então que não adiantava muito tomar o partido do lado que parecesse mais conveniente. Decidiu colocar sua vida à disposição do Dr. João, em quem confiou desde o início. O que ele decidisse, estava decidido.

Enquanto aguardava o desfecho de sua tragédia pessoal — que ela se esforçava para não perceber como tragédia —, prosseguiu o curso de Psicologia Clínica. Mergulhou no universo do microcosmo, da física quântica e aprendeu mais sobre os neurotransmissores. Tal qual um computador perfeito, em centésimos de segundos o cérebro comanda um número incalculável de estímulos nervosos, as chamadas transmissões sinápticas. Com isso, é capaz de se adaptar a qualquer desequilíbrio.

Percebeu que a mente influencia todo o corpo e que poderíamos ser capazes de nos curar se incentivássemos o diálogo entre o cérebro e cada órgão do corpo. Verificou, no entanto, que os médicos preferem usar as soluções oferecidas pelos laboratórios farmacêuticos, com suas moléculas artificiais, a confiar na sabedoria do organismo. Investigou durante as aulas o que poderia ter causado a doença. E não duvidou do poder que as emoções exerciam sobre ela, sobretudo as recalca-

57 · PROCURA-SE UM MILAGRE

das. Sempre preferiu remoer as mágoas a botá-las para fora. E isso era mortal, como ela podia constatar.

Começou a fazer quimioterapia no início de dezembro de 2000. Na primeira semana reagiu muito bem ao tratamento, achou que seria fácil. Ela chegou a anotar no diário: *me sinto ótima, com o espírito elevado e cheia de energia.* Na oitava sessão, no entanto, o mundo voltou a desabar sobre sua cabeça. Difícil descrever a prostração em que caiu, devorada pelo vazio que invadiu sua mente, corpo e espírito.

Sentia o corpo aniquilado, como se tivesse sido alvo das toneladas de quilowattz de uma bomba atômica. Entrou em profundo torpor. Nunca pensou que pudesse se sentir tão devastada. No mês seguinte foi hospitalizada, por causa das fortes dores e teve a oportunidade de conhecer melhor a unidade de transplantes de fígado e rins. Conversou com alguns pacientes e percebeu que a maioria estava ali por causa de hepatite C e pelos abusos com bebida alcoólica, que evoluíam para a cirrose hepática. Seu caso era mesmo uma exceção.

Voltou para casa e, pouco depois, o Dr. João ligou. Estava radiante. Pediu para que ela parasse de comer, ingerir líquidos e seguisse direto para Lisboa porque haviam encontrado um doador. Isabel já estava no carro quando outra funcionária telefonou, lamentando, pois o fígado era incompatível com o seu. Passados dois dias foi para valer: dessa vez um novo fígado a aguardava. Agradeceu em pensamento ao doador, à família e a eventuais filhos que ele tivesse pela possibilidade de continuar a viver. E melhor.

Mas recebeu uma ducha de água fria quando soube que o cirurgião não seria o Dr. João. Ele preferia não operar pessoas com quem tinha afinidade, mas estaria presente na sala de cirurgia. Quando entrou no Serviço de Internamento da Unidade de Transplantes, o médico que assumiu a operação fez questão de avisar, friamente: *a senhora sabe que há uma polêmica em torno do seu caso. Alguns médicos preferiam que fossem feitas duas cirurgias, mas o Dr. João decidiu unir os dois procedimentos. Vai ser uma cirurgia difícil, de aproximadamente oito horas, mas o pior será o pós-operatório e a recuperação.* Ela ficou simplesmente apavorada.

Antonio andava de um lado para outro no corredor do hospital, sem conseguir controlar o nervosismo. Isabel deu a ele sua aliança e percebeu que, a partir daquele momento, ela era sua própria mestra, não pertencia a mais ninguém. Quando ele foi embora, se arrependeu por não ter dito que o amava. A incompatibilidade que viviam ultimamente parecia mínima diante do que a aguardava. Depois do transplante, assim que teve oportunidade de escrever, anotou impressões, das quais não conseguiria lembrar se não fosse por esse cuidado.

Durante três dias o mundo deixou de existir. A primeira vez que tomei consciência tive a impressão de estar sozinha. Queria falar, mas não conseguia, entrei em pânico. Estava toda entubada. Apalpei minha barriga, completamente insensível. Uma enfermeira apareceu, mas eu não conseguia sequer dizer que sentia muita dor. Fui invadida por uma insuportável angústia. Ela pegou minha mão e sentou-se ao meu lado.

O afeto me fez bem e voltei a adormecer. Foram dias assim, sob absoluto torpor. Tinha muita sede, embora estivesse tomando soro, e sentia falta de comida. Não podia comer nada enquanto o trânsito intestinal não estivesse restabelecido. Soube depois que me removeram 45 centímetros do intestino reto e encontraram focos de outros pequenos tumores perto do útero. Fui invadida por uma tristeza profunda e sentia muita vontade de chorar.

Durante o longo período de internação, Isabel sofreu muito com insuportáveis dores de cabeça. Mais tarde compreendeu que eram resultado de sua forte tensão nervosa e da necessidade que sentia em controlar a situação para se recuperar logo — como se isso fosse possível. A convalescença foi duríssima, como o médico já havia previsto. Tinha que tomar comprimidos imunossupressores para que o sistema imunológico não rejeitasse o novo fígado. Aos poucos, os remédios a transformaram num monstro. Começaram a nascer pelos no corpo, inclusive no buço.

Com muita paciência, descoloria os pelos nas partes mais aparentes. Avisaram que não adiantava removê-los porque eles voltariam a crescer com mais força. Era como se ela estivesse virando um bicho. Tinha formigamento nas mãos e nos pés, além de tremores nos braços, arrepios, estado febril, hipersensibilidade às mudanças de temperatura, falta de concentração, dificuldade para raciocinar e escrever. Um terror.

Ainda por cima, a cortisona a inchou. Muito. Ficou com cara de bolacha e engordou mais do que na gravidez. Isabel era uma mulher vaidosa e não tinha coragem de se olhar no espelho. Foi se sentindo cada vez pior. Se soubesse o que a esperava, talvez não tivesse concordado com a cirurgia.

Uma noite sonhou que estava num lugar muito luminoso e ouvia vozes. Uma delas dizia: *possuímos três partes: corpo, mente e espírito. Procure o equilíbrio nessas três dimensões.* No dia seguinte, uma colega do curso de Psicologia telefonou, perguntando se ela queria apresentar um trabalho de grupo sobre Reiki. Já tinha ouvido falar nessa antiga técnica de cura oriental, de sobreposição das mãos pelo corpo. Concordou em fazer o trabalho, porque pretendia terminar o ano letivo.

E esqueceu o assunto. Recebeu alta após 17 dias de internação.

Nos dois meses seguintes, começou a sentir um irresistível desejo de viver, que aos poucos a contagiou por inteira. Fazia ioga todo dia, caminhava na praia e cozinhava para a família, degustando cada pequeno ato. Aproveitava para ler tudo o que pudesse ajudá-la, de Karl Jung a Sigmund Freud.

O caminho para a iluminação, de Dalai Lama, foi precioso para ela, com seus sábios conceitos budistas. O mais interessante é que *viver o momento presente*, entre as máximas do budismo, acabou se tornando um dos aprendizados mais práticos que ela vivenciou mais tarde no Caminho Português. Viver o hoje com a consciência de que o melhor momento é o aqui e agora é uma das receitas mais eficazes que Isabel passou a conhecer para ser feliz.

Quando a gente vive pensando no que vai fazer daqui a pouco, o momento presente deixa de ser vivido plenamente. Dá para comparar com a maconha, cujo efeito mais forte, para ela, sempre foi o de colocar uma lente de aumento em cada ato, desde apreciar a beleza de uma flor a sentir cada acorde de uma música. Qualquer coisa ganha uma dimensão fantástica. A filosofia do aqui e agora, quando colocada em prática, pode ajudar a tornar dispensável até o uso de drogas e suprir o organismo com um outro tipo de aditivo, sem hora marcada para acabar.

Quando voltou para casa, ainda em recuperação, o armistício do casamento começou a ir para os ares. Na medida em que foi perdendo o infinito medo de que ela morresse, Antonio voltou a implicar com a história de Paulo e deu um ultimato: ou fica comigo ou vai embora daqui. O pior é que ela já nem pensava mais em Paulo e não aconteceu nada entre eles. Mesmo se sentindo maltratada, decidiu manter a relação, se é que aquilo era uma relação. Até porque não tinha alternativa.

No fundo sabia que fizera essa escolha porque não tinha como se sustentar. Sentia que o descompasso daquela relação aumentava. Ela havia evoluído e ele, parado no tempo. As palavras da médica americana Marlo Morgan explicavam tudo: *pouco se ganha na vida se aquilo em que acreditamos aos 7 anos é o mesmo depois dos 70. Temos de abandonar ideias, hábitos e opiniões antiquadas. Por vezes, até, companheiros.* Definitivamente, era esse o seu caso.

Começou a sentir um mal-estar muito forte. Fazia um esforço hercúleo para continuar o curso, mas não foi possível. Mais uma vez teve de ser hospitalizada para se submeter a novos exames. Os médicos não diziam o que a afligia. Estava cada vez pior, insistia em saber o que, afinal, se passava com ela. Mas eles se esquivavam de Isabel. A família também manteve uma providencial distância. Solidão terrível. Quando a visitavam não esclareciam nada. Pelo contrário, ajudavam a esconder. Uma estratégia tonta que adotaram para poupá-la, que virou uma tortura.

Até que um dia um dos médicos confidenciou: Isabel estava com hepatite B. Ela não sabia por que demoraram tanto a lhe dizer e deixaram o mistério crescer. Não tinha ideia de como uma transplantada de fígado, de vida regrada, podia contrair um vírus transmitido sexualmente ou pela saliva. O que meu marido iria pensar? Perdeu totalmente o apetite e enjoava com qualquer comida.

CAPÍTULO 5

Recaída

Isabel sentia que dessa vez começava a se entregar à morte. Obrigaram-na a beber um fortificante que ela não suportava, com um sabor artificial de chocolate que lhe dava náuseas. Os médicos eram duros com ela. Um dia apareceu mais um remédio, entre os quase trinta que ela precisava tomar diariamente. Recuperou o bem-estar imediato. Quando descobriu que era Prozac, não quis mais.

Não queria fugir da realidade, embora soubesse que estava muito deprimida e precisasse daquela bengala. Viu o fundo do poço e era indescritível, de tão ruim. Uma série de fatos, entretanto, a trouxeram de volta à superfície. Tomou a decisão de regressar a casa, aquele ambiente hospitalar estava acabando com ela. Foi o que fez e não encontrou resistência entre os médicos. Só de entrar em casa e sentir os velhos conhecidos odores — o perfume do jasmim ao lado da porta de entrada, o cheirinho do refogado que vinha da cozinha — foi uma injeção de felicidade. Aos poucos voltou a recorrer às técnicas que a trouxeram de volta à vida: a ioga e o grupo de Reike. Dois meses depois, sentiu que não precisava mais do suporte dos medicamentos porque sua vontade de viver era mais forte. Voltava a renascer!

Durante uma sessão, a líder do grupo de Reike festejou o resultado de sua dedicação à doença de Isabel: segundo ela, os sistemas energéticos de Isabel estavam desbloqueados e o novo fígado, em franco processo de regeneração. A decisão dela de abandonar os remédios — inclusive o imunossupressor que a desfigurava — parecia ser acertada, embora persistisse nela um lado cartesiano que necessitava da aprovação médica. Isabel buscava a vida, não o risco. Por precaução, resolveu marcar uma consulta com o Dr. João. Encheu-se de coragem para voltar àquele ambiente que a matava aos poucos e não comentou que tinha largado a medicação. Ele teve uma boa impressão de seu estado geral e, sem muita conversa, receitou novos exames.

O resultado caiu como uma bomba na consulta seguinte. Não, seu fígado não estava completamente regenerado e ainda corria risco de rejeição. Ele ficou furioso quando Isabel admitiu que tinha abandonado os remédios. Imediatamente ela voltou a sentir os efeitos colaterais, as náuseas e os tremores. O que o medo não é capaz de criar... Prometeu recomeçar, mas ficou na promessa. Assim como ela oscilava entre o científico e o alternativo, ficava muito claro o quanto a comunidade médica era agarrada a seus conceitos preestabelecidos e não considerava qualquer possibilidade de cura fora dos padrões convencionais. De qualquer forma, se tranquilizou com sua decisão, com novos pedidos de exames dali a seis meses. Ao mesmo tempo, sua voz interior dizia que ela passava por uma nova etapa e precisava tirar algo de positivo disso.

Intensificou sua busca pessoal pelo bem-estar, com vida e alimentação saudáveis. Fez o máximo para deixar de lado o estresse com o marido — os filhos nunca deram trabalho. Praticou muita ioga e manteve as sessões de Reike. Numa delas, sentada em almofadas no chão ao lado de cinco praticantes, um deles parecia estar em transe quando começou a murmurar: *seu fígado está 70% regenerado, mas permanece envolto por uma mancha escura*. Estarrecida, ela perguntou o que seria aquilo. *É a energia do doador ainda presente. Ela impede a regeneração completa. Não foi só o órgão que você recebeu, mas os traumas do doador, inclusive aquele que envolveu sua morte.* Era irrefutável: o procedimento altamente tecnológico envolvia fatores energéticos e espirituais.

Fazia sentido. Ao mesmo tempo era muito subjetivo. Impossível não sentir medo — justamente o que mais atrapalhava naquele momento. O que precisava fazer?, ela se perguntou. Aquele mesmo grupo já havia estudado outros casos de transplantes e sugeriu que ela visualizasse o perdão. Isabel já havia agradecido intensamente ao doador e à sua família em pensamento quando o órgão apareceu. Não era suficiente. *Faça um verdadeiro pedido de perdão e tente imaginar seu corpo físico e energético ligado ao do doador por um sentimento de amor incondicional*, recomendou o senhor.

Obedeceu à recomendação com o máximo de dedicação e prosseguiu sua rotina de saúde. Estava cada vez melhor. Seis meses depois se submeteu aos novos e exames e, bingo! No fundo, o médico parecia um pouco constrangido com aquele resultado que negava a ciência embora não soubesse que ela havia se mantido firme na decisão — por sorte acertada — de parar com os remédios. Seu fígado estava regenerado. Tecnicamente, cientificamente, estava curada!

Isabel preferiu dar continuidade às suas "obrigações médicas" sem envolver a família — a esta altura despreocupada pela aparente evolução do seu caso. Eles sequer souberam de sua decisão de interromper o tratamento químico. Depois de tudo o que passou, o peso estava normal, a aparência saudável e até as bochechas rosadas. Além do mais, ela se comportava de uma forma leve e bem-humorada que não denotava possíveis descompassos. Aquela tarde, quando saiu do consultório, comprou seu espumante preferido e fez a bombástica revelação em casa: *estou curada!!!*

Antonio levou um susto quando soube que ela ainda poderia estar sob risco. Andavam tão afastados, seus negócios também iam tão mal que ele optou por esquecer a doença da mulher. Simples assim. Mas brindou com alegria naquela noite em que a família voltou a ser uma família — pelo menos naquele curto espaço de tempo.

Assim como seu mundo veio abaixo quando recebeu o diagnóstico, agora sentia-se arrebatada por uma emoção um pouco ambígua. Estava felicíssima, exultante, só que uma pequena sombra a advertia para a realidade: a cura para o câncer só pode ser considerada definitiva em cinco anos. Mas por que raios tinha de pensar nisso? Não aprendeu a importância do pensamento positivo? Não viveu esse princípio intensamente? Naquele momento tomou a decisão: ia optar pela vida.

Ainda meio sob o efeito do álcool, festejou a maravilha que é viver. Já conhecia a importância de valorizar as pequenas coisas. Fez ali sua escolha. Ao contrário de muitos casos de que já tinha ouvido falar, em nenhum momento se entregou ao egoísmo. Queria ajudar os que precisavam e buscava a alegria. O dia seguinte seria melhor e o próximo, melhor ainda. Apesar da desaprovação dos médicos, tomou a decisão de fazer o Caminho Português.

Agora que estava nele, ao mesmo tempo em que se deslumbrava com as paisagens e o canto dos pássaros, se sentia só. Era mesmo um ser eternamente inconformado. Depois de passar um dia desanimada rumo a São Roque, andando apenas com a mochila e o cajado, acabou avistando um casal de peregrinos que lhe deu novo alento. Será que eles também vão a Santiago? Apertou o passo. A essas alturas já estava tão conformada com a solidão que custou a crer, mesmo condicionada a pensar positivo.

Eram jovens psicólogos alemães, muito simpáticos, que não só pretendiam fazer o percurso, como levavam um guia profissional que prometia resolver muitos imprevistos. Com um livro daqueles ela não teria passado por tanto aperto para chegar à Ponte de Lima. Eles fizeram uma parada técnica: se hospedaram em uma quinta mencionada no tal guia. Começaram a conversar e o casal parecia gostar da companhia dela. Logo se sentiu à vontade.

Sentaram-se num bar para comer alguma coisa e surgiu mais uma peregrina, a jornalista brasileira que também começou a caminhada solitária. Emendaram uma animada conversa e Isabel seguiu mais confiante.

Já saíram dali sabendo que teriam pela frente uma longa subida, na Labruja. Logo depois um português passou por ela e disse: *tens o pau fraco!* Referia-se ao cajado recolhido no mato, de fato bastante precário. Isabel riu às gargalhadas, não só do comentário, mas pela felicidade de não estar mais sozinha. Nunca dá para saber se os portugueses falam sério ou brincam com sua lógica peculiar. Nesse caso, ele estava absolutamente certo.

Em seguida encontrou outro cajado, mais forte e com uma ponta na extremidade que seria muito útil. Os três se distanciaram e, quando ela viu, estava quase escalando um morro muito íngreme, que levava a Veiga do Monte, o ponto culminante de todo o percurso. Com o providencial auxílio de seu novo e poderoso cajado.

Pensou que seria impossível subir se o lugar estivesse enlameado e se deu conta da sorte do grupo com o tempo. Já tinha ouvido relatos dramáticos sobre aquele trecho. Sentiu medo, houve um momento em que achou que não ia conseguir, mas seguiu em frente e chegou lá no alto com uma sensação de vitória, elevando o cajado em direção ao céu azul. A vista era deslumbrante, debruçada sobre a floresta. Os novos amigos a aguardavam sentados em uma pedra, conversando animadamente como se continuassem na mesa do bar.

É impressionante como as amizades acontecem rápido nesse contexto, consistentes desde o início. Começaram a descer o outro lado do morro na maior felicidade. Esse dia era uma das caminhadas mais curtas. Mesmo assim parecia não acabar nunca. A sensação, por sinal, se repetia em quase todos os percursos. Até que os alemães fizeram uma curva e anunciaram uma paisagem extasiante: o hotel! Muito simpático, diga-se de passagem. Simples e confortável, uma construção recente que não devia ter mais de cinco anos.

Isabel dividiu o quarto com a brasileira, que adorou quando viu o tapete que ela havia levado para fazer ioga, além da faixa de borracha para alongamento. Esticar a musculatura depois de tanto massacre era o melhor conforto. A brasileira, por sua vez, trazia uma pequena peça de madeira para massagear as costas e a sola dos pés. Elas se completavam. Sem sexo... Era o terceiro dia de caminhada e a mochila parecia pesar menos, libertando sua capacidade de apreciação.

Como estavam em um vilarejo muito pequeno e o hotel não tinha restaurante, um carro veio apanhar os novos hóspedes para comer fora. Um luxo. Era uma espécie de furgão com assento na frente e um compartimento fechado atrás para transportar o material que pertencia aos donos do restaurante. Foi a primeira refeição em grupo e o que estava preto e branco subitamente se coloriu. O papo era divertido, a comida farta e saborosa.

O que mais ela poderia querer? Mas queria. Quando voltaram ao hotel ficou triste com a falta de notícias de Gilbert. Estava com seu celular e já tinha mandado uma mensagem para ele, sem retorno. Não sabia se abria o coração para o encontro ou começava a segurar a emoção para evitar o sofrimento, como se esse tipo de controle fosse possível. Achou que o melhor era botar o pé na estrada no dia seguinte e se abrir para o que desse e viesse. Atitude bem coerente com a nova Isabel que havia renascido das trevas.

CAPÍTULO 6

A dona da história

Quando encontrei a francesa, custei a acreditar que o Caminho, mais uma vez, me oferecia exatamente o que procurava. Decidi fazer a rota lusa para realizar um projeto. Tenho 30 anos de profissão, já tive filhos e plantei árvores. Faltava escrever um livro. Minha ideia era criar uma história que alternasse a trajetória da rainha santa com a minha experiência no percurso.

Achei algo totalmente fora do comum uma rainha fazer uma peregrinação. Quando comecei a pesquisar a vida da rainha, a situação ficou ainda mais complexa: descobri que Isabel é santa.

Já tinha vivido emoções muito fortes quando fiz o Caminho Francês, há mais de 10 anos. Naquela época, antes de começar a viagem, casualmente encontrei Paulo Coelho na rua e falei a ele da minha aventura. *Por que não aproveita para escrever um livro?*, ele me sugeriu. Mas aleguei que já existia o dele. Mais tarde foram lançados inúmeros relatos. E o tema acabou se desgastando, vítima de uma inflação de versões.

Além da caminhada, eu tinha até uma história muito interessante para contar. Assim como a francesa, mergulhei em um tórrido e inesperado caso de amor, providenciado pelas estrelas. Cada vez mais me convenço de que o Caminho nos traz o que mais precisamos. Foi assim comigo, com a francesa e com muitos peregrinos que conheci.

Vivi momentos de sonho ao encontrar um grande amor. Cheguei a me beliscar, duvidando de uma realidade que, aos poucos, se apagou. Como as estrelas se apagam ao nascer do dia. Quando decidi percorrer os 800 quilômetros do Caminho Francês saía de um casamento de dez anos, duas filhas ainda pequenas. Apesar da alta na terapia ainda me sentia em frangalhos, com a vida pessoal desmoronada e a profissional mal resolvida. Nessa hora surgiu a oportunidade de fazer outra terapia, o Caminho Real.

A técnica, criada pela escritora e terapeuta Anna Sharp, se baseou em sua experiência no Caminho de Santiago. A ideia era que os pacientes vivessem as mesmas sensações que ela experimentou durante sua rota. O método pretende indicar alternativas para liberar as pessoas das intermináveis temporadas nos divãs, era uma espécie de autocura. Por isso, Anna foi alvo de um bombardeio por parte dos psis em geral.

Funcionava mais ou menos assim: uma hora depois de iniciada a caminhada a passos rápidos, quando a endorfina começa a exercer efeitos de bem-estar e de expansão da consciência, a pessoa repete para si mesma uma frase que possa atuar no inconsciente, a ponto de provocar uma mudança interior. O método não tem base científica. No meu caso trouxe ótimos resultados.

Foram seis dias de imersão em palestras e longas caminhadas solitárias pela floresta. A proposta era praticar por três meses. Outro ingrediente acertava na mosca um dos pilares do catolicismo: exterminar a culpa. Viver sem se condenar é uma dádiva. Anna tentava provar que a vida tende a dar certo se as pessoas não atrapalharem.

Cheguei a duvidar dos resultados, mas qualquer coisa seria melhor do que o buraco onde havia me enfiado. A frase que pensei era um poço de culpa e foi Anna quem me sugeriu: *eu sou o que sou*. Foi cômico quando me deliciava nas águas geladas e cristalinas da Floresta da Tijuca, repetindo meu mantra salvador, e fui interpelada por um guarda florestal: *a senhora não viu os cartazes? É proibido tomar banho porque a água é potável e abastece as casas do Alto da Boa vista*.

Fiquei sem graça, mas repeti a estrepolia na semana seguinte. Sou apaixonada por banho de rio e água fria. Quando o guarda apareceu, achei que era o mesmo da semana anterior e fiquei sem saber o que dizer. O episódio não teve maiores consequências e pratiquei o método nos meses seguintes. Não do banho, mas de caminhar e repetir a frase. Realmente me senti melhor. Fiquei cada vez mais segura e passei a ter um objetivo: percorrer o Caminho de Santiago. Sozinha.

A solidão tinha uma razão de ser. Se fosse compartilhar com alguém o dia a dia, as dores, as bolhas, o desbunde, as descobertas, a experiência que deveria ser amplificada no interior acabaria fugindo pelos poros. Fui. Anna sugeriu que levasse o *Novo Testamento* para abri-lo ao acaso antes de começar a jornada matinal e aplicar o aprendizado da leitura naquele dia. Fui criada na religião católica, que rejeitei depois de aprender no colégio de padres as atrocidades cometidas em nome do bem. Não dá para perdoar as Cruzadas, o fausto das igrejas e o reacionarismo católico.

A quantidade de padres pedófilos também é motivo de reflexão. Por que não acabar com a interdição ao casamento entre os religiosos? Para a igreja não ter de dividir o patrimônio dos padres com seus descendentes? Passei uns tempos ateia, até fazer uma incursão no budismo que me trouxe novas referências filosóficas e espirituais. Tocou-me fundo a ideia de que não existe pecado — nem acima nem abaixo do Equador — e de que temos de melhorar como seres humanos e tomar as decisões a partir de nosso próprio equilíbrio. Por isso levei também *A expansão da mente*, de Tartang Tulku, um lama tibetano que vive nos Estados Unidos.

A mente, por sinal, expandiu muito mais com o empurrão budista do que com os velhos dogmas cristãos. Na verdade, já na primeira semana deixei o *Velho Testamento* de lado. Já o livro budista voltou a ser de grande utilidade durante o Caminho Português. Nenhuma das viagens foi motivada pela religião, diga-se de passagem. Estava interessada em olhar para mim, apenas.

Caminhava sozinha, cantava canções que me remetiam a bons momentos e repetia mantras budistas. Alternei momentos de avassaladora solidão com deliciosa plenitude. Um deles aconteceu nos primeiros dias. Como já tinha o hábito de caminhar, nem me preocupei com a possibilidade de formar bolhas nos dedos dos pés. Depois de um dia abrasador, quando cheguei à vila seguinte, senti os pés latejando e fui direto ao armarinho comprar agulha e linha, método simples e rápido de drenar as bolhas para resolver de forma rápida meu desconforto.

Não sei se foi o tênis mal amaciado, mas meus pés ardiam. O que mais me incomodava, porém, era o mal-estar do suor seco no corpo. Estava muito calor naquele dia e não via a hora de tomar um banho. Só que o albergue era tão precário que não tinha sequer chuveiro. Até tentei pedir, com cara de paisagem, para usar um banheiro na vizinhança, mas não colou. Tive de me contentar em me lavar na pia e fui dormir com a ideia fixa de tomar um banho na parada seguinte. E tinha de ser quente, o que nem era meu hábito.

Caminhei 30 quilômetros e cheguei a um mosteiro que só tinha água fria. Não hesitei em percorrer mais 12 quilômetros, certa de que valeria a pena encontrar um pouso mais equipado, no caso, de particulares. Há três modalidades de hospedagem no Caminho Francês*: albergues da Igreja, do município ou de particulares. Os dois primeiros costumavam ser os piores, mais precários, preço da gratuidade. Nos particulares é cobrada uma taxa mínima, bem inferior à de hotéis. São os melhor equipados.

Ainda faltava metade da distância quando avistei duas peregrinas. Apertei o passo para chegar a elas, precisava de apoio moral. Eram duas espanholas, Maria de Angelis e Maria de Jesus. Meu anjo se chamava Jesus. Trabalhava como enfermeira e prometeu cuidar dos meus pés, que a essa altura me martirizavam. Che-

---

* Denomina-se Francês o caminho de 800 quilômetros. (*N. do E.*)

gamos a um lugar aconchegante e confortável, valeu o esforço. Depois do banho que aqueceu todos os sentidos, Jesus fez um gesto para que eu sentasse na cadeira ao seu lado.

Cuidou de mim com tanto carinho que me provocou uma emoção transbordante. Chorei de lavar a alma, como aconteceu depois de encontrar Rosa, a viúva do Caminho Português, que vocês conhecerão mais adiante. O sentimento de gratidão foi tão avassalador que ajudou a amadurecer minha percepção de vida. Senti na pele o quanto era importante ajudar o outro, por menor que fosse essa ajuda. Como se não bastasse, chegou ao refúgio um divertido grupo de peregrinos ciclistas, que fez a festa aquela noite com uma deliciosa macarronada. Trataram-me como uma princesa que inspirava cuidados e não foi nada difícil incorporar o personagem.

Conheci muita gente interessante. Homens, mulheres, casais, das mais diversas nacionalidades, a maioria europeia. As paisagens eram deslumbrantes e os monumentos antigos, impactantes testemunhas da ancestral presença romana na região. Tudo sem a pompa e circunstância das luvas brancas que abrem as portas dos museus. É uma viagem no tempo, despojada dos artifícios do turismo convencional. Muitas vezes tive de procurar quem tivesse a chave para conhecer o interior de uma igreja nos pequenos lugarejos. O cheiro de mato ajudava a compor a atmosfera.

O impacto maior, entretanto, aconteceu no dia em que passou um belo alemão, louro de olhos azuis, quando eu fazia um piquenique com meus recentes amigos suíços num prado, cheio de pequeninas flores amarelas. Ele perguntou: *peregrinos?* E seguiu em frente sem mais dizer. Lamentei muito que lhe faltasse curiosidade para se juntar a um grupo tão agradável, modéstia à parte. Mais adiante, já sozinha, foi ele quem passou puxando conversa, com o pretexto de que um camponês me oferecera uma maçã.

Era simpático e irradiante. Se chamava — mais uma coincidência, depois vocês entenderão por quê — Peter. Falava um inglês pior que o meu, mas uma química imediata garantiu nosso diálogo. A luz de fim de tarde fazia brilhar os cabelos claros, provocando em mim um efeito devastador. Minhas pernas perdiam a força e a mochila parecia pesar uma tonelada. Para minha infelicidade, naquele dia ele já tinha resolvido dormir na cama confortável de um hotel. Segui para o albergue e deixamos marcado um jantar, com o casal de amigos que se despediria no dia seguinte.

O reencontro foi um deleite. Bebemos muito, conversamos mais ainda, rimos demais e ele nos acompanhou até o refúgio. Parecíamos íntimos. E cúmplices.

Os suíços, com quem convivi alguns dias, estavam preocupados em me deixar sozinha e torciam por mim. Tive a oportunidade de contar a eles como já estava me sentindo arrebatada, antes mesmo do jantar. Meu olhar já dizia tudo.

Até que eu e ele ficamos a sós. Fui envolvida num abraço que me estremeceu. Estava carente de um contato masculino e queria mais. Muito mais. Mas o combinado foi retomarmos a caminhada no dia seguinte. Ele estava exausto.

Mal dormi a noite. Acordei de madrugada e andei até uma pequena capela em Portomarín. Era uma vila muito especial, construída à beira do rio em tempos medievais. Uma enchente destruiu o local, mas as sólidas construções de pedra permaneceram intactas. A heroica população carregou os destroços até o morro vizinho onde o que restou foi reconstruído, inclusive os arcos que adornam o pequeno centro. A igreja reerguida, pedra por pedra, até hoje numeradas para garantir a fiel reprodução do projeto original.

Começava a amanhecer e uma densa névoa fazia da única pessoa acordada àquela hora uma fantasmagórica silhueta: um velho com a coluna totalmente encurvada apoiado por uma bengala. Parecia saído do filme *O Senhor dos Aneis* e achei que ele me diria alguma mensagem transcedental. Mais não disse e seguiu em seu tranquilo deslocamento que não chegava a ser uma caminhada. A névoa filtrava os primeiros raios de sol: paisagem de milagre. Eu estava em estado de graça, ao mesmo tempo impaciente para revê-lo. Meu coração batia tão forte que fazia barulho. Com muito afeto o casal se despediu, nem deu tempo do coração apertar. Andy, meu amigo que se parecia com Paul McCartney, brincou: *você caiu duas vezes, uma no chão e agora, de amor.*

Fomos até a praça esperar pelo ônibus quando Peter apareceu, um gatão sorridente, me convidando a acompanhá-lo. Quando as coisas têm de acontecer, não há santo que empate. A partir daí entrei numa espécie de túnel de sensações. A todo momento interrompíamos a caminhada para beijos prolongados, como velhos amantes. Muita gente que faz o Caminho tem a certeza de que os encontros são reencontros de outras vidas. Eu não tinha tanta certeza assim, mas naquele momento achava que fazia todo o sentido. Pelo que pude perceber, esse tipo de sensação costuma acompanhar os inesperados encontros promovidos pelo Caminho... Não seria diferente com a francesa e seu futuro alemão.

Em poucos dias senti que a proposta de crescimento pessoal, de despojamento e entrega incondicional à caminhada foi substituída pela mais intensa experiência sexual de minha vida. Até então. Descobri prazeres que nem sonhava existirem. Era como se tivesse entrado em outra dimensão.

Trocamos os albergues de quartos compartilhados pela privacidade dos hotéis ordinários. Não estava nem aí para isso. Fui invadida por um oceano de sensações atiçadas pelas preliminares, que transformavam a relação sexual em uma viagem onírica. Levávamos horas para sair e demorávamos horas para dormir. A necessidade de nos conhecer era vital. De tal forma que as caminhadas de que eu tanto gostava passaram para o último plano. Foi uma semana de romance que absorveu todos os sentidos. Quando chegamos a Santiago de Compostela era como se a cidade festejasse nosso encontro. Explosão de felicidade.

Passamos dois dias perambulando de bar em bar, nos deliciando com as *tapas* espanholas — pequenas poções de frutos do mar — muito bem acompanhadas pelo magnífico vinho branco local. No último dia, fomos a um bar que vendia Guiness, para mim desconhecida, mas da qual Peter já tinha feito grande propaganda. Naquela mistura de felicidade, ânsia e dor pela premência da separação, o resultado não poderia ser diferente. Bebemos tanto que o máximo que conseguimos foi voltar ao hotel e cair duros na cama. No dia seguinte, não havia tempo para o amor de despedida.

O adeus na estação de trem foi uma faca cravada no peito. Não conseguia — e não podia — acreditar que o sonho tinha acabado. Foram 17 horas de angústia no trem que peguei até Madri, porque ainda por cima havia o risco de eu não chegar a tempo para o voo de volta ao Brasil. Como poderia viver sem aquele homem? O único consolo era o reencontro com minhas filhas. Morria de saudades delas. Minha situação era um paradoxo. A caminhada de crescimento pessoal, que deveria aprofundar minha espiritualidade, acabou me trazendo o que eu mais desejava e precisava na vida, embora achasse que não procurava.

Há quem diga que o Caminho sempre oferece um amor a quem o percorre. No meu caso foi bem mais que isso. Apaixonei-me e descobri o poder de uma arrebatadora relação sexual. Mais físico, impossível, embora o espírito não possa ser dissociado da carne.

Quando voltei, meus pais estavam curiosos para saber como tinha sido essa, para eles, tão estranha viagem. Lembro-me que meu pai não conseguiu disfarçar a irritação quando falei de meu romance com Peter. Fiz que não reparei e fiquei imaginando o que teria se passado na cabeça dele. Será que ele acha que só penso naquilo? Não seria justo. Por que não poderia me apaixonar?

Passei a vida brigando com meu pai. Só com a maturidade, a partir dos 50 anos, consegui aproveitar o que ele tem a oferecer. E é um bocado. Hoje compreendo melhor a visão dele naquela ocasião, de uma filha com baixa autoestima. Minha mãe não. Doce e diplomática, me deu a maior força, mesmo que no fundo não concordasse com nada daquilo que eu vivia.

Nessa época estava bem afastada de meus pais, que me olhavam meio como bicho raro. Tenho um irmão três anos mais velho, que aparentemente nunca me perdoou por eu ter nascido. Ele foi o primeiro filho, primeiro neto dos dois lados e não se conformou quando uma menina de cachinhos dourados veio usurpar seu trono. Passamos a infância brigando e na adolescência ele me ignorou, a mim e a minhas amigas. A mágoa não passou nem com a maturidade e até hoje a gente apenas se tolera. E só. De minha parte, não houve terapia que desse jeito. Ele nem sequer fez terapia.

Em compensação, tenho uma irmã nove anos mais nova que sempre foi um encanto na minha vida. Quando ela nasceu, a recebi fantasiada de enfermeira, aproveitando a Ni, talentosa babá que satisfazia todos os meus caprichos e produziu o traje, que incluía até uma cruz vermelha bordada no uniforme branco. Cuidei dela como a boneca preferida e viramos boas amigas. Sempre foi lindinha, loura de olhos azuis, uma delícia de pessoa. Percebi que até ela achou muito louca a história de Peter, embora não tenha me dito isso claramente.

Apesar de tudo, o sonho com o alemão ainda estava longe de acabar. O coração quase enfartou quando cheguei em casa e soube que um estrangeiro tinha me telefonado. Ele voltou a ligar no mesmo dia e passamos quase meia hora em nosso pior desempenho: as palavras, no inglês que nenhum dos dois dominava. Poucos dias depois recebi uma carta de várias páginas, ilustrada com fotografias de sua oficina exclusiva para automóveis Alfa Romeo. Setas esclareciam o nome dos amigos, colaboradores e pessoas mais próximas. Naquele tempo não havia a facilidade do e-mail que, ao mesmo tempo em que agiliza a troca de informações, está sujeito a passar um rolo compressor nos sentimentos e transformá-los em superficiais acessórios. Fiquei comovida com a delicadeza e o convite escancarado para que eu entrasse em sua vida. Aceitei sem pestanejar.

É verdade que estranhei o estilo, mas tratei de copiá-lo nas cartas que passei a lhe enviar. Muitas vezes esperei o correio abrir, ansiosa em incluir minha correspondência entre as primeiras que saíssem para o exterior. A ansiedade pelas cartas que passei a receber não era menor. Único jeito de sentir alguma proximidade, mesmo separada pelo Oceano Atlântico e outros tantos países.

Dois intermináveis meses se passaram quando ele apareceu em carne e osso. Trabalhei feito louca no jornal para ganhar uns dias de folga e o reencontro manteve o fogo inicial. Ele se encantou com a natureza do Rio e disse, para minha felicidade, que não teria o menor problema em se mudar para o Brasil. O temperamento alegre e expansivo dele estava muito mais para tupiniquim do que para teuto.

Outro intervalo de dois meses — preenchido por longas cartas e telefonemas — e ele baixou de novo no Aeroporto Tom Jobim (ainda não batizado com esse tão merecido nome).

A atração e a cumplicidade continuavam a mil, só que ele levou um susto com a diferença dos preços em tempos de Collor, com a inflação nas alturas. Concluiu que não tinha cabeça para segurar tanta instabilidade. Era demais para um alemão, mesmo que "falsificado". Porque o estilo dele não tinha nada a ver com a sisudez e o rigor daquele povo.

Resolvi conhecer sua cidade. Faria qualquer coisa para ficar perto dele, desde que minhas filhas fossem comigo. As duas também se encantaram com o gringo e topariam qualquer parada. Mas ainda bem que não dei essa guinada na vida. Fui, gostei, só que a paixão me cegava. No meu estilo decisões rápidas — que com o tempo compreendi equivocado, embora continue escorregando na pressa —, achei que a escola no mesmo quarteirão, uma floresta a vinte minutos de caminhada, os confortos de Primeiro Mundo, a proximidade do homem que eu amava e as minhas filhas por perto eram razões mais do que suficientes para eu atravessar o Atlântico em caráter definitivo.

Acontece que ele não tinha estabilidade financeira, seria muito difícil para mim conseguir um emprego e eu sabia muito bem que não conseguiria viver sem trabalhar. E ainda haveria o sustento das meninas. Era risco demais e envolvia minhas filhas. Mas foi ele quem teve a maturidade de hesitar.

Voltei ao Brasil desencantada, buscando forças para jogar tudo para o alto, mas sem querer jogar, quando ele apareceu pela última vez. Ambos tentávamos acreditar que não tinha acabado. Ficou combinado que eu e as meninas iríamos para a Alemanha. Mas os contatos rarearam, até acabarem por completo.

CAPÍTULO 7

Soam as trombetas

Assim como apaziguou os ânimos entre o pai e o avô, Isabel não poderia imaginar que teria de apartar guerras entre o marido e o filho, e ainda entre o filho e o neto. Fibra é o que não lhe faltava. Em 1323, seu filho, o ambicioso infante D. Afonso, temia que D. Dinis favorecesse o filho bastardo, Afonso Sanches. O filho legítimo marchou sobre Lisboa para enfrentar o exército do pai no Campo Grande, na época, Campo do Alvalade. Preparou-se para o combate. Soaram as trombetas para sinalizar o confronto e logo uma nuvem de setas e dardos escureceu o ar.

Soldados dos dois flancos começaram a morrer. Assim que soube o que estava acontecendo, a rainha Isabel montou o cavalo e partiu sozinha de Lisboa em direção ao local. Com impressionante valentia, passou entre a cavalaria de ambos os lados que se afastou, em sinal de respeito. Foi direto falar com D. Afonso.

Muito emocionada, pediu a ele para não se rebelar contra o pai, seu rei, expondo o país aos horrores da guerra. As palavras romperam a couraça do filho, que acabou partindo com seu exército e beijando a mão do pai para pedir perdão. Até hoje existe uma pedra no local simbolizando a reconciliação. Nem os melhores diretores de filmes épicos seriam capazes de criar tal cena.

A rainha ainda teve de administrar outro problema na família. D. Afonso III, pai de D. Dinis e conde de Bolonha, jurou em Paris, no ano de 1245, ser obediente e devoto da Igreja Romana, comportamento adequado a um príncipe católico. Com o tempo, porém, se esqueceu, ou fingiu ter esquecido do juramento e entrou em conflito com o papa. Era casado com a condessa de Bolonha, a rainha Matilde, mas a traiu com uma tal de D. Brites quando a esposa ainda era viva.

D. Brites, cujo nome natural evoluiu para Beatriz, era filha de D. Afonso X de Castela e de D. Maria de Gusmão. Da união nasceram D. Branca, D. Dinis e D. Afonso. Havia dois impedimentos para invalidar o casamento: o fato da esposa de D. Afonso III estar viva, o que, para o papa, se traduzia em: o que Deus uniu o homem não pode separar. A outra razão era a existência de um parentesco de quarto grau entre D. Afonso e D. Brites, que poderia trazer problemas degenerativos às futuras gerações.

Até o século XIV, predominava na Europa a ideia de que todo o poder vem de Deus, como ensinou o apóstolo São Paulo. Mais do que isso: o papa recebeu diretamente de Jesus Cristo a autoridade para conduzir a cristandade à salvação. Na prática, isso significava que os reis e os príncipes tinham o poder para governar seu povo, mas, como cristãos, eram subordinados ao sumo pontífice.

Por isso o papa tinha o poder de depor e coroar reis, assim como de ser árbitro nas relações da igreja local com os reis e inclusive aplicar punições. Até que surgiu uma nova interpretação das palavras de São Paulo. Todo o poder vem de Deus, só que assim como o papa recebeu de Deus o poder de governar espiritualmente a Igreja, os reis recebem diretamente de Deus o direito de governar as nações e só a Deus têm de prestar contas. É claro que a Igreja não gostou nada dessa segunda versão.

D. Afonso III era adepto da segunda corrente. Só que, quando a rainha Matilde levou a traição conjugal à Santa Sé, o papa Alexandre IV encarregou o arcebispo de Compostela a intimar D. Afonso a comparecer na Cúria Romana. O rei, porém, ignorou a intimação. O papa expediu nova bula ordenando que D. Afonso se separasse de D. Brites e o rei não deu a mínima. Em seguida, a rainha Matilde e o papa Alexandre IV morreram. Os bispos de Portugal se reuniram, expuseram o caso ao novo pontífice e denunciaram o risco de escândalo entre os fiéis. Pediram a Urbano IV a graça de permitir que Afonso e D. Brites pudessem permanecer casados. E ainda que os filhos da união ganhassem a permissão de suceder o trono.

O problema foi resolvido, mas logo surgiu outro. D. Afonso III tomou as providências necessárias para fazer voltar aos cofres da nação os bens que a inquisição teria usurpado de Portugal. Os bispos queixaram-se então à Santa Sé, sentindo-se lesados em seu direito. Urbano IV e seus sucessores obrigaram D. Dinis, filho de Afonso III, a atender às reclamações dos bispos, em respeito ao desejo manifestado pelo pai.

Quando sentiu que estava morrendo, D. Afonso chamou o bispo de Évora e jurou fazer cumprir a determinação do papa, de respeitar as queixas dos bispos. D. Dinis, que testemunhou a promessa, se comprometeu a aceitar a decisão do pai. Na prática, enquanto isso não acontecia, prevaleceu um interdito, que fechou todas as igrejas e templos de Portugal. A proibição vigorou por 14 anos, para desgosto da rainha santa, que passou todo esse período sem poder assistir a nenhuma cerimônia ou culto católico.

Havia ainda outra questão. Como D. Dinis havia nascido antes da dispensa do papa, seu irmão, D. Afonso, o considerava filho do adultério, ilegítimo, portanto. Por isso se julgava o primeiro filho varão, legítimo e herdeiro do trono. A briga aconteceu antes do casamento de D. Dinis. A princesa Isabel e seus pais preferiam que o matrimônio só ocorresse depois que as desavenças entre os irmãos estivessem resolvidas. Houve quem interpretasse a pacificação das brigas entre os dois como resultado das orações de Isabel.

As pazes finalmente se deram, mas o casal de reis passou a vida como alvo da ambição e das intrigas de D. Afonso. Ao mesmo tempo, entrar em Portugal e encontrar as portas das igrejas fechadas foi um desgosto terrível para uma mulher religiosa como Isabel. O maior de todos os sofrimentos, entretanto, aconteceu bem mais tarde: a morte precoce de sua filha Constança, aos 22 anos. Independentemente de todo o sofrimento pessoal da rainha santa, ela nunca se absteve de uma abrangente atuação social.

Hoje, a santidade que parece algo totalmente inatingível com o ritmo de vida alucinante e tentações cada vez mais irresistíveis, surgem estranhos fatos em locais como a Índia, onde o impossível acontece. Um exemplo é o de Amma, a mulher que viaja pelo mundo abraçando as pessoas e já fez vários milagres. Ela tem uma extraordinária obra social e é considerada uma deusa viva por seus discípulos. Só mesmo nas terras de Ghandi essas coisas acontecem.

Mas voltando à rainha, na Idade Média, conforme registrou um escritor do período, que conheceu a rainha de perto, *não havia obra de misericórdia que ela não praticasse. Vestia os nus, socorria com alimento os famintos, visitava os enfermos, dava aos mortos decentes sepulturas cristãs, satisfazia as dívidas dos desgraçados, repreendia os mal encaminhados e dava bons conselhos a quem tivesse perseverança.*

Isabel mantinha sempre amas de leite no palácio que alimentavam as crianças abandonadas, a quem ela providenciava sustento e educação. Não hesitou em vender as joias para socorrer os famintos. Criou o instituto em Coimbra para regenerar mulheres perdidas, onde também mandou construir um hospício, além de vários hospitais.

Sua menina dos olhos, entretanto, era o Convento de Santa Clara, onde foi viver depois de ficar viúva e queria ser enterrada. Idealizou o próprio túmulo, que a abrigou após mais uma de suas querelas pela causa familiar.

CAPÍTULO 8

Rosa, a jovem viúva

A viagem em grupo ficou muito mais leve. Isabel passou a dividir o quarto de hotel comigo, o que reduziu o custo e garantia uma boa prosa. Ao acordar, eu me sentava em posição de lótus para meditar, enquanto Isabel praticava ioga, a saudação ao sol, movimentos perfeitos para despertar o corpo. Formávamos uma dupla bem espiritualizada. Saíamos de estômago vazio com planos de fazer um pequeno desjejum, em um bar próximo da partida.

Os alemães tinham planejado caminhar 30 quilômetros naquele dia, o que incluía um desagradável trecho de 7 quilômetros à beira do asfalto, em meio a uma área industrial e poluída. Ela sentiu vontade de encarar o desafio, mas eu, ainda traumatizada com o longo trajeto que percorri sozinha no primeiro dia de caminhada, pensava em pegar um ônibus no meio do percurso. Quando alcançamos o bar, os alemães já tinham chegado. Isabel pediu um iogurte à antipática garçonete e ela lhe indicou, em tom seco, *só na tienda ao lado*. Ela tomou um chá preto com sanduíche de queijo e seguiu até a mercearia, daquelas onde é possível comprar de agulha a leite em pó.

Isabel chegou receosa, achando que ia encontrar outra espanhola mal-humorada. No entanto, conheceu Rosa, uma mulher doce de seus trinta e poucos anos, que a atendeu na maior gentileza e emendou um papo amistoso. Percebeu que ela gostava de conversar e sentia falta de um interlocutor que lhe desse a devida atenção. Delicada, ofereceu uma colher para Isabel comer iogurte e contou que tinha dois filhos pequenos, de 3 e 5 anos.

Enquanto atendia outro cliente, manteve-se atenta à presença daquela mulher com trajes esportivos e ficou entusiasmada quando soube que Isabel planejava caminhar até Santiago de Compostela. Garantiu que um dia também faria o percurso e, de repente, revelou, aos prantos, que o marido tinha morrido atropelado, fazia dois meses. Isabel ficou estarrecida, pensando como ajudá-la. Inconveniente, o outro freguês não dava trégua, insensível ao choro da mulher.

Devia ser uma situação muito difícil ficar viúva em um povoado distante e conservador como aquele. Meio sem saber o que fazer, Isabel comentou o quanto ela era bonita e jovem, na tentativa de animá-la. Lembrou que tinha a vida pela frente e que a dor ia acabar passando, embora não acreditasse muito no que dizia... Deu-lhe um abraço bem apertado e retomou a caminhada. Passou o resto do dia pedindo por Rosa. Eu assisti à cena e fiquei bastante comovida. Tentei cantar uma canção de Dorival Caymmi — *Rosa, morena, onde vais morena Rosa, com essa rosa no cabelo e esse andar de moça prosa...* — e ambas desandamos a chorar.

Foi uma limpeza interna que pareceu ter aberto uma porta, de tal forma que tanto Isabel quanto eu enfrentamos o trecho de asfalto quase sem sentir, cantando músicas que remetiam a boas fases de nossas vidas. Quando cantava, Isabel percebia que era capaz de ouvir todos os arranjos instrumentais e vozes, que a preenchiam e ajudavam a se desligar daquele cenário inóspito. Quando se deu conta o pior já tinha passado.

Vieram à cabeça momentos de sua infância, em Nantes. Isabel era a segunda de uma família de quatro irmãos. Quando nasceu, os pais esperavam um menino. Deve ter sido por isso que sempre manteve os cabelos curtos e preferia a amizade dos meninos. Não que fosse masculina, tanto que não chegou a suspender a menstruação, como acontece a muitas adolescentes. Também nunca sentiu atração sexual por mulheres.

Aos 18 anos, o pai sofreu um acidente de moto, quebrou várias costelas e ficou incapacitado para trabalhar. Passou o resto da vida lembrando-se deste dia, dose de sadismo que fazia parte de sua perversa rotina. Seu avô pegou o dinheiro do seguro de saúde, que era um bom valor, e investiu na educação dos outros filhos. O pai dela nunca viu um tostão. Grande injustiça. Como contrapartida, o avô ofereceu um pedaço da casa onde morava para a família de Isabel. Situação que perdurou até ela sair de casa.

Sempre viu o pai como um herói, era um homem bonito que inspirava força e determinação. Exibia várias cicatrizes que atravessavam a barriga, de cima a baixo, e dividiam o umbigo ao meio. Passou parte da infância em Nantes com os seis irmãos, época da ocupação alemã, durante a Segunda Guerra. Ela e os irmãos sempre pediam para o pai contar histórias de guerra. Aos 10 anos, Isabel gostava de imaginá-lo roubando espingardas, capacetes e até barris de pólvora dos inimigos.

Foi ele quem a ensinou a amar a aventura, a natureza e lhe deu liberdade para escolher os rumos da própria vida. Talvez tenha sido uma forma que encontrou de se libertar da tirania do próprio pai. A mãe nunca trabalhou e ela se lembrava de ouvir suas lamúrias sobre dinheiro. Era uma mulher bonita, elegante e frustrada. Isabel e os irmãos descobriram que, quando adolescente, a mãe era apaixonada por um aviador. Não teve coragem de embarcar numa vida incerta e optou pela estabilidade.

Ainda bem, porque pude nascer..., pensava Isabel. Devia a ela seus valores morais, a fidelidade e a paciência. Também depositou confiança na filha e nunca a reprimiu, o que ajudou a menina a se sentir segura.

Acabou conseguindo uma bolsa para estudar em um colégio de freiras da Ordem das Ursulinas Romanas, frequentado pela alta burguesia e aristocracia francesas. Era um colégio enorme, com castanheiros e carvalhos centenários. O imponente edifício principal se chamava *Le château* (O castelo). Ficava na extremidade de uma relva impecavelmente aparada. Em uma das grandiosas salas estavam penduradas nas paredes retratos a óleo dos diretores nos séculos passados que pareciam acompanhar as alunas — e condená-las — com os olhos.

Todas as professoras eram mulheres e o único homem era o padre, com quem se confessavam. Ainda assim, aquela rara presença masculina causava frisson entre as meninas. Assistiam à missa, faziam catequese e ainda tinham que aturar o sermão da madre superiora: *as vias do senhor são impenetráveis. A vida é um mistério que só Deus e os santos podem explicar.* Nunca acreditou naquela ladainha.

Não demorou a odiar a escola. Ficava angustiada nas noites de domingo só de pensar que no dia seguinte teria de voltar ao calvário. Começou a adoecer à toa e, como prêmio, conseguia o que queria: ficava longe do colégio. As freiras eram rígidas e conservadoras, Isabel lembrava-se de uma que batia nas alunas com varinha quando erravam os exercícios de matemática. Claro que ela ficou com trauma de matemática.

Também tomou raiva da igreja católica, não podia nem ver as imagens de Cristo na cruz, dos santos que enfeitam as igrejas com suas imagens beatas. Uma vez uma freira perguntou se ela já tinha beijado alguém na boca. Ora bolas, que experiência uma freira poderia ter para cobrar algo assim? Na época, claro, ela não tinha nenhuma história picante para contar ou do que se arrepender — como se um beijo na boca pudesse ser motivo de arrependimento. Até hoje ela não consegue entender como padres e freiras podem dar conselhos sobre algo que, para todos os efeitos, eles desconhecem. Ou deveriam desconhecer.

Como tudo na vida, havia um lado positivo. Passou muitas férias nos castelos das colegas de classe. Usufruiu daquele universo com a liberdade infantil, sem preconceitos. Não se sentia diminuída por possuir menos do que elas e se achava merecedora de viver naquele ambiente que não pertencia à sua classe social. Achava normal brincar no pátio cercado de muralhas de pedra, como se estivessem nos tempos medievais. Achava até que aproveitava muito mais do que as amigas, que já cresceram naquele ambiente.

Muitas vezes se sentiu uma rainha, cuja majestade era socorrer a quem precisasse de ajuda. É verdade que as filhas dos castelãos estavam longe de necessitarem de algo, mas havia sempre um empregado com algum problema que nunca chegava aos ouvidos dos patrões. Mais de uma vez acabou fazendo o papel de porta-voz de doentes, mulheres aflitas pela total falta de tempo para dedicarem a suas crias ou angustiadas pelos excessos dos maridos com a bebida.

Desde cedo descobriu uma vocação. Assim como uma tia querida, sua vontade era ser missionária e ajudar os outros. Lia com paixão as histórias dos santos, que sempre a fascinaram. Em vão, tentava ter fé. As freiras devem ter contribuído para esse seu fracasso moral. Admirava São Francisco de Assis, São Tiago e a rainha Santa Isabel, cuja vida conheceu nas aulas de teologia no colégio.

Ficou encantada como uma mulher da realeza optou por ajudar os pobres. Talvez a rainha santa tenha sido a inspiração de Isabel para fazer o Caminho Português.

Assim como a rainha, Isabel sempre gostou de ajudar e teve a oportunidade de praticar durante o período de internações. Na época do transplante, conheceu um professor de filosofia, de 70 anos, com o mesmo nome de seu marido, Antonio. Passeavam pelos corredores e tinham conversas intermináveis, as pessoas achavam até que eram namorados.

Por sua influência, começou a ler Kant, Foucault, Deleuze e Niezsche. Desse último, tirou lições especiais, com seu *Assim falava Zaratustra*. Era uma aula de como reverenciar a existência. Compreendeu que era preciso aproveitar a vida em vez de ser sugada por ela. Isso faz toda a diferença.

Estamos aqui para degustar cada centímetro do que nos é oferecido, mas muitas vezes não aproveitamos sequer os milímetros. Antes de morrer, é preciso viver da melhor maneira possível, com todos os instrumentos de que dispomos. Zaratustra exaltava a solidão, mas nem por isso deixava de se preocupar com os outros. Desejava, no fundo, compartilhar sua maturidade.

Isabel percebeu que já tinha conseguido se libertar do câncer de intestino, por que não se ver livre da hepatite que combalia seu fígado transplantado? A escolha era dela. Talvez tudo isso fosse consequência do desamor de seu casamento, talvez não. O que importava isso agora? Nesse momento, nada era mais fundamental do que ter de volta a saúde.

O professor tinha um talento especial: como uma cartomante, sabia ler as linhas desenhadas na palma das mãos. As enfermeiras chegavam a formar pequenas filas para consultas informais. Enquanto olhava as mãos de Isabel, ele comentou em tom carinhoso: *amiguinha, você tem uma alma muito bonita, voltada ao outro, com um profundo desejo de abertura espiritual. Seu coração conheceu o amor e pertence a uma só pessoa... embora haja outra linha que nasce, paralela. Antes de mais nada, você é mãe, essa é a sua vocação. É forte e direta, com uma força de vontade muito grande... muita coragem.* Quando voltou a entrar em contato com Gilbert, estava certa de que ele era essa linha paralela. Mas a vida continuaria a lhe pregar peças...

O amigo professor também se submeteu ao transplante. Isabel custou a acreditar quando soube que ele havia rejeitado o fígado novo e precisava de outra cirurgia. Nesse meio-tempo ela já tinha estudado o Reike. Procurou-o e se ofereceu para aplicar a técnica. Repetiu três sessões. Ele melhorou tanto que recebeu alta, embora mais tarde tenha sofrido outra recaída e voltado ao hospital. Foi muito bom para ela perceber do que poderia ser capaz. O melhor de tudo é que ficaram bons amigos.

Depois foi a Tânia, que conheceu no hospital enquanto esperavam o transplante. Muito simpática, ela trabalhava como empregada doméstica e sofria de paramiloidose, mais conhecida como a doença dos pesinhos. É uma anomalia genética que ocorre em pessoas de Póvoa de Varzim, região no norte de Portugal. O fígado passa a segregar uma proteína que alimenta a doença.

A mãe de Tânia morreu do mesmo mal, aos 40 anos. Foi uma mulher desgraçada, que apanhava do marido. A sina da filha foi muito parecida. Seu marido também lhe dava surras de escamador, instrumento para tirar as escamas dos peixes que tem agulhas na extremidade. Era uma mulher muito infeliz, nem podia ver injeção no hospital por causa do trauma com o escamador.

Depois que Isabel lançou seu livro, enviou a Tânia um exemplar. Mais tarde, soube que ela estava curada e se divorciara do marido. Encontrou a felicidade. O irmão dela não teve a mesma sorte. Era tão apavorado pela possibilidade de também ser portador do mesmo mal que nunca teve coragem de fazer exames. Acabou viciado em drogas.

Quando Isabel percebeu, já estava passando pelos arredores de Valença, a última cidade do Caminho Português, cercada por uma muralha. Só então viu a vantagem de caminhar contra o sol. Podia apreciar o colorido amarelado sobre a paisagem sem o desconforto da luz direta. Deve ter se distraído com as setas amarelas e caminhou por fora do centro histórico. Além de ter perdido a chance de conhecer um lugar que devia ser bonito, sentiu pena por ter encurtado o trecho de Portugal, tão aprazível, ao decidir sair de Barcelos.

Para quem começa no Porto, o percurso é metade Portugal, metade Espanha. No início do trecho espanhol achou que as paisagens portuguesas eram bem mais bonitas e rústicas, com mais vinhedos. Também teve a impressão de que as pessoas eram mais simpáticas. No último pedaço, chegou à conclusão de que a beleza se equilibrava, sobretudo nos bosques da Galícia, embora continuasse convicta de que a simpatia dos lusos é imbatível. Apesar do idioma galego ser semelhante ao português, são dois povos bem distintos.

Ela e os amigos decidiram dormir em Tui, onde havia o primeiro albergue do Caminho. A cidade ficava do outro lado da bela ponte metálica sobre o rio Minho, que liga Portugal à Espanha. Tanto Valença quanto Tui ficam no alto de colinas e a vista é especial. Entraram em Tui e ainda caminharam um bom trecho até chegar ao albergue. A ideia era voltar a Valença sem a mochila para conhecer o centro histórico, mas Isabel admitiu a preguiça, até porque Tui é uma belíssima cidade medieval, cheia de ruelas e monumentos.

Ao contrário dos pequenos hotéis baratos de Portugal, bastante precários, o albergue tinha beliches confortáveis, com travesseiro e cobertor de lã, banheiros separados para homem e mulher, extremamente limpos. São cuidados por voluntários. Durante o dia fazia muito calor, mas à noite a temperatura caía muito e os cobertores eram indispensáveis. Os albergues são gratuitos e cada um deixa a quantia que puder.

Os alojamentos só não deviam ser bons para os casais, que ficam sem espaço para os momentos de intimidade. Os alemães alternavam a hospedagem em locais que eles diziam ser de "luxo", mas na verdade eram oportunidades para eles fazerem amor. Para os grupos é muito bom dormir junto, quando as pessoas são amigas dá para esticar a conversa e aumentar a intimidade. O falatório, contudo, não é nada indicado para quem está muito cansado e quer pegar logo no sono. De qualquer forma, o volume de peregrinos no Caminho Português é muito menor do que no francês.

Em oito dias de caminhada ela encontrou apenas sete peregrinos. Havia um casal de dinamarqueses, ambos grisalhos, a mulher era muito falante, e ele, reservado. A mulher, que já tinha feito o Caminho Francês, achou o Português uma "pista de obstáculos". Talvez pelas subidas íngremes e trechos molhados. Havia ainda um casal de canadenses, uma boa oportunidade para

Isabel exercitar seu idioma nativo. Surpreendeu-se com o método deles: deixavam a mochila no albergue para não carregar peso, caminhavam um trecho a pé e voltavam de trem para pegar a bagagem. Não deixava de ser uma ideia inteligente.

Jantaram bem, como de costume. Seus amigos apreciavam muito o vinho Rioja, mas ela havia parado de beber. Derramava apenas um gole em seu copo para brindar. Suas refeições passaram a ser muito frugais depois de virar vegetariana. De qualquer forma, comer não era o seu forte. O que mais apreciava era o momento de sentar com pessoas que já eram queridas e conversar de coração aberto. E a mesa é um ótimo cenário para isso. Quando voltou ao albergue, mais uma pequena decepção a deixou apreensiva e acabou atrapalhando seu sono, ainda prejudicado pela tosse: nenhuma notícia de Gilbert.

CAPÍTULO 9

O remontar dos cacos

Estava separada havia dois anos quando encontrei o alemão no Caminho de Santiago, em pleno processo de reconstrução. O romance que se apagou lentamente, queimando o sentimento em ritmo homeopático, foi mais uma punhalada dura de aguentar. Tentava me convencer de que nos reencontraríamos. No fundo — no fundo a gente sempre sabe a verdade — estava certa de que aquela era uma página virada. O jeito era começar a buscar alguma coisa dentro de mim.

Quando fiz a terapia Caminho Real, troquei a corrida pela caminhada. Sempre que me via correndo, um amigo me perguntava: *e aí, já chegou?* Não faço ideia do que procurava, além dos efeitos mágicos da endorfina. Talvez tenha começado a encontrar quando diminuí o ritmo, com as caminhadas, e pude tirar um proveito maior de tudo o que havia à minha volta.

Passei a alternar a caminhada na Estrada das Paineiras, dentro da Floresta da Tijuca, com a íngreme subida até o Corcovado. Chegava lá em cima antes das 7 horas, quando não havia viva alma, acompanhada pelo meu cachorro dobermann, o Che (uma homenagem a Guevara, porque sempre fui meio esquerdinha festiva). Era manso, na verdade um bobão, mas impunha respeito.

A cada dia que chegava lá em cima sozinha, cara a cara com o Cristo, aquela vista deslumbrante de trezentos e sessenta graus, experimentava um sentimento diferente. Transcendia a Igreja que, no meu entender, com raras exceções, só fez deturpar a mensagem do filho de Maria, esse extraordinário profeta que mudou completamente a vida no Ocidente.

Aos poucos criei um canal direto de comunicação que dispensava intermediários. Ou pelo menos foi isso o que senti. Um dia vi um fortíssimo arco-íris, que começava e terminava na floresta, e cheguei lá no alto com uma indescritível sensação de gratidão. Senti um amor pela vida arrebatador.

Nessa época, resolvi viver algo que interessou muito à francesa em sua viagem ao Japão. Fui fazer um *secchin* de quatro dias no Mosteiro Zen Pico de Raios, em Ouro Preto. Idealizava a meditação como um caminho sem escalas para o autoconhecimento, mas não fazia a menor ideia do que me esperava.

Subi o ponto culminante de Ouro Preto para alcançar o mosteiro e quando cheguei me apresentei à monja. *Olá sou a Celina, do Rio de Janeiro*, me apresentei, toda simpática. *Eu sei. Você está sendo aguardada*, me respondeu secamente. O templo era antigo e simples, com uma vista sensacional. Além da monja e de seu ajudante, eu era a única no local. Senti uma mistura de medo e desolação, mas fui em frente. Aprendi a fazer o *zazen* de quarenta minutos, só que eram seis horas de meditação ao longo do dia. E não podia falar. Legítimo programa de índio. Os índios, aliás, jamais cairiam numa dessas...

No início da tarde, apareceu uma simpática americana loura de olhos azuis, na faixa dos 30 anos, que estava morando em Belo Horizonte e falava um português macarrônico. Nós, no silêncio. A ideia era não reduzir o processo ao mero tricô.

Quando chegou a hora do chá a conversa foi liberada. Eu, a americana e a monja nos sentamos sobre as pedrinhas do jardim zen. *Estou aqui porque tenho passado por muitos problemas com minha mulher*, disse a americana com seu sotaque carregado. *Eu adoro a diferença. Acho genial a complementação do homem e da mulher. Aliás, sinto muita saudade de namorar, mas aqui fica difícil...*, desabafou a monja, sem nenhum tom de censura. Não acreditei que tinha ouvido um diálogo daqueles, depois de tanto silêncio. Deu-me uma incontrolável vontade de rir. E foi o que eu fiz, para completar o clima de nonsense. Depois desse cômico episódio passei a me sentir à vontade.

Longe de ser um parque de diversões, a estada foi muito difícil. Brigava com os pensamentos, que insistiam em me invadir durante a meditação. Muitas vezes me vinham à cabeça ideias frívolas e cheguei a dar graças a Deus porque, ao contrário do filme *Asas do desejo*, de Wim Wenders, as pessoas não pensam alto e ninguém pode saber o que o outro está pensando. Seria um vexame se soubessem as besteiras que passavam pela minha cabeça durante a solene posição de lótus.

Acordávamos às 4h30 ao som de sinos e, só depois das 7 horas, comíamos o *okaio*, arroz integral com três cozimentos e nenhum tempero, um santo remédio para o trânsito intestinal. Já fazia muitos anos que tinha deixado de comer carne vermelha, mas nunca pensei que seria tão difícil encarar um cardápio vegetariano.

Quando cheguei à rodoviária para pegar o ônibus de volta, me sentia uma extraterrestre. Era como se eu tivesse passado uma temporada em outro planeta. Ali já começava a incorporar os efeitos benéficos da overdose de meditação, ainda mais fortes no dia seguinte. Compreendi a maior maravilha do budismo. Aquela rígida rotina acelera o contato dos praticantes com sua essência e tudo fica com uma nitidez incrível.

Foi gratificante constatar o quanto podia contar comigo. Gostei da pessoa que encontrei. Não é que tenha virado uma budista de carteirinha, apenas percebi o quanto aquela filosofia poderia ser útil. Me senti centrada para tomar as decisões, sem ter de recorrer a terceiros e aditivos. A memória também melhorou muito. A ideia de viver o momento presente me parece uma das melhores maneiras de encarar a vida. Difícil é botar em prática.

Passei a ver a igreja católica com mais distanciamento ainda. Pensei o quanto era absurdo seguir as regras que eles determinam. Imagine deixar de se proteger da Aids com preservativos porque o papa condena? Ou proibir o aborto às populações mais desfavorecidas, triplicando o número de indigentes no mundo? As mulheres abastadas continuam interrompendo a gravidez em consultórios clandestinos. E as pobres, que não têm como criar seus filhos?

Acredito na existência de um ser superior, mas também acredito que podemos encontrar esse ser dentro de nós. Isso fica claro depois de uma temporada de lavagem interna como a de um *secchin*. Depois voltei a outra overdose de meditação no Mosteiro Zen no Morro da Vargem, no Espírito Santo, onde o número de frequentadores é um estímulo à parte. São mais de sessenta pessoas meditando, um astral fantástico. Ajudou a me convencer de que aquilo não era um desvario, uma prática fora de contexto.

Além da atmosfera mágica, onde me sentia transportada para outra cultura naquelas casas com as linhas sóbrias da arquitetura japonesa, o mosteiro fica numa área de preservação ambiental cheia de trilhas no meio da mata. O volume de pessoas proporciona outro aprendizado: o trabalho coletivo. Em meia hora, a cozinha fica um brinco, e a próxima refeição, pronta para ser executada. É o tipo da experiência útil para a vida. No Morro da Vargem encontrei o equilíbrio entre a disciplina e o prazer.

Para quem foi educada na religião católica, acabei virando uma espécie de saco de gatos, misturando a essência dos ensinamentos de Cristo com o budismo e o espiritismo, experiência que contarei mais adiante. Não há a menor dúvida de que há algo em comum entre as três doutrinas: a preocupação em reduzir o sofrimento humano. Só que o budismo proporciona uma maior liberdade, na medida em que estimula o livre-arbítrio e oferece instrumentos para que as pessoas se conheçam melhor, se equilibrem e cometam menos erros.

Hoje sinto que tiro um melhor proveito da meditação, embora nem sempre consiga esvaziar a cabeça do turbilhão de pensamentos. Não rezo para Buda. Essa postura católica de pedir ajuda a Deus e aos santos — da qual não consegui me libertar — não faz parte do budismo. Pedimos a nós próprios.

Justiça seja feita: a missa dos peregrinos, em Santiago de Compostela, é de uma beleza irradiante. Assim como em várias das monumentais igrejas construídas em nome do Deus católico. Esses, porém, não são fatores capazes de alterar minhas atuais convicções (o que não significa que eu possa mudá-las no futuro). No budismo, as pessoas recorrem a si próprias para alcançar o que buscam. Mas nem por isso abandonei a ideia de encontrar um companheiro para compartilhar a vida. No mundo ocidental, as pessoas passam por uma espécie de lavagem cerebral em relação à vida a dois. Desde as histórias infantis aos filmes — o teatro, é verdade, costuma mostrar mais o lado negro do relacionamento. No meu caso, sem falar na vida estável de meus pais que me serviu de modelo.

CAPÍTULO 10

A vida por um fio

Depois de enfrentar a guerra entre marido e filho, foi a vez de se deparar com os confrontos entre filho e neto, que acabariam por levar a rainha santa à morte. Era junho de 1336 e Isabel estava com 64 anos. Seus cabelos castanhos não chegaram a embranquecer. Soube que seu filho, D. Afonso IV de Portugal, tinha se tornado inimigo do neto, D. Afonso XI de Castela. Quando constatou que a guerra fora declarada resolveu partir imediatamente para Estremoz, no Alentejo, para tentar dissuadir o filho do conflito, como já havia feito uma vez. O calor de verão era muito forte e a viagem, longa. Isabel tinha uma saúde debilitada, mas não houve santo que a fizesse desistir da empreitada. Dizia que preferia a morte a ver seu filho e neto guerrearem.

Quando chegou à fortaleza de Estremoz, a rainha já estava doente. Em seu braço apareceu uma ferida e logo veio a febre alta. E isso a impediu de assistir à missa, o que só ocorria em raras situações. Todos ao seu redor perceberam que seu estado de saúde se agravava. Para piorar, os médicos erraram o diagnóstico, dizendo que não se tratava de doença grave.

Ainda assim, o filho D. Afonso e sua mulher, a rainha Beatriz, encheram a doente de carinho e não arredaram o pé de seu leito. Na madrugada de 4 de julho, uma quinta-feira, Isabel pediu para receber a extrema-unção, para desespero dos que a cercavam. Mandou chamar um padre de quem era próxima e se confessou, debulhada em lágrimas. Que pecado uma mulher de coração generoso poderia ter em uma trajetória tão virtuosa? O que será que a rainha fez para chorar tanto em seu momento final, seria apenas o medo de morrer? Nunca saberemos.

Levantou-se e ajoelhou para se comungar com tal devoção que provocou um turbilhão de lágrimas em quem acompanhava a derradeira cena. Na mesma tarde, cercada pelos entes queridos, fez várias recomendações e deu conselhos, mostrando que estava totalmente lúcida. Antes do último suspiro teve forças para sussurrar: "Maria, mãe da graça, mãe da misericórdia, protegei-me contra o inimigo e recebei-me à hora da morte." Recitou ainda o Credo até que os olhos se fechassem e a rainha deu o último suspiro.

Em meio à comoção geral, onde sepultá-la foi a discussão que veio a seguir. Havia a alternativa do convento de franciscanos de Estremoz ou a catedral de Évora, a cidade mais próxima. O filho, porém, conhecia o desejo da mãe de ser enterrada no Convento de Santa Clara, em Coimbra, que mandara construir.

Ordenou o translado para a cidade, contra a opinião predominante na corte. Todos acreditavam que o transporte de um cadáver em distância tão longa, sob sol escaldante, acabaria em decomposição e causaria grande desconforto aos que eram obrigados a acompanhá-lo. Mas o rei não abriu mão de cumprir o último desejo da mãe.

O cortejo fúnebre deixou Estremoz em 5 de julho. O calor fez com que o ataúde abrisse fendas nas juntas das tábuas, das quais escorria um líquido que todos imaginaram ser resultado da decomposição cadavérica. Mas qual não foi a surpresa da comitiva ao constatar que, em vez de exalar mau cheiro, saía do ataúde um suave e agradável aroma. Foram seis dias de viagem sob implacável calor, acompanhada por bispos e clérigos.

A reação popular à chegada da rainha em Coimbra provocou uma comoção geral. Todos choravam a morte da benfeitora e tentavam se aproximar do cortejo para tocar o caixão. O ataúde, envolvido em pele de boi, foi depositado na igreja de Santa Clara. Sobre ele estavam o bordão e a escarcela de peregrina que a rainha recebera do arcebispo de Santiago de Compostela.

Encerrado no dia 12 de julho de 1336, o túmulo só voltou a ser aberto depois de 276 anos, durante a visita de juízes apostólicos que acompanhavam a canonização de Isabel. Os religiosos, além de dois médicos, um cirurgião e algumas testemunhas, encontraram os restos mortais exatamente como estavam no dia da morte. A tábua superior foi despregada com dificuldade e, depois cortados com tesoura os envoltórios que amortalharam a rainha em Estremoz. Para espanto geral, a encontraram em perfeito estado de conservação. Como se tivesse sido colocada ali um pouco antes.

Quando foram descobertos o rosto, o peito e o braço direito de Isabel, com o hábito de freira e a sacola de peregrina, todos caíram de joelhos, estupefatos com o que viam. Ela continuava a emanar um suave aroma.

Passados quase 300 anos da morte da rainha Isabel, o papa Urbano VIII deu início ao processo de canonização, atendendo aos pedidos do rei D. Filipe IV, de Portugal e Aragão. Começou então uma nova etapa. Como o mosteiro de Santa Clara era constantemente inundado pelas cheias do rio Mondego, o rei D. João IV tomou a decisão de construir um novo mosteiro, para o qual fosse transladado o corpo da rainha santa.

De 1640 a 1678, Portugal e Espanha viveram uma monarquia dual sob o comando do espanhol Felipe II, porque Portugal ficou sem sucessor após a morte de seu último rei. D. Pedro II, filho de João IV, construiu junto ao novo mosteiro o belíssimo templo da rainha Isabel, concluído em 1696. Daí as nomenclaturas de mosteiro de Santa Clara, a velha, e de Santa Clara, a nova.

Os dois mosteiros ficam na margem oposta à das universidades de Coimbra. O velho fica mais perto do rio e o novo no alto da colina, de onde se tem uma bela vista da cidade universitária. O pátio vizinho à construção é cercado por árvores frondosas, que fazem uma generosa sombra à bela escultura de mármore da rainha. O túmulo, de prata ornamentada, está no altarmor, em meio às talhas douradas ricamente trabalhadas. Foi transladado para o local em solene evento que ocorreu no mesmo ano da inauguração.

À frente do ataúde há uma serena imagem da rainha santa, esculpida por Teixeira Lopes, que chegou ao convento no século XIX. Hoje o local é muito procurado para casamentos e atrai um grande número de devotos visitantes. A maioria são mulheres, que vivem nos arredores ou viajam longas distâncias para ver de perto o túmulo da rainha santa e pedir ajuda.

Com acesso através de uma pequena porta escondida em uma das extremidades da igreja, o claustro do novo mosteiro recebeu um interessante acervo do mosteiro antigo. O patrimônio mais nobre é o enorme túmulo encomendado em vida pela rainha santa, que revela um surpreendente traço de vaidade na mulher de tantas virtudes. Não há dúvida sobre a autenticidade de sua postura caridosa, da devoção expressa na multiplicação de obras sociais e em hábitos devocionais, como o jejum a pão e água três vezes na semana.

Se hoje a mulher moderna é valorizada sobretudo pela independência e capacidade de autoconhecimento, de preferência associados à sensibilidade e à cultura, a rainha santa encarnava o caridoso ideal feminino medieval e se envaidecia por isso. Por que não?

É provável que a reprodução do esquife seja a imagem mais semelhante à de Isabel. Cercada por dois anjos, a rainha repousa sobre o ataúde de madeira vestida com o rústico hábito da ordem franciscana, adornado pela escarcela. A pequena bolsa é decorada com uma vieira — a concha símbolo de Santiago —, que ela usou ao percorrer o Caminho Português. A base é esculpida com imagens de religiosos e anjos. Trata-se de uma notável peça de escultura medieval.

O claustro abriga ainda um antigo órgão, mobiliários, ornamentos e relíquias, velhos pedaços de pano que envolviam o caixão. Segundo o responsável pelo mosteiro, há projetos para o claustro ser aberto à visitação pública.

Talvez o capítulo mais fascinante da vida dessa mulher sejam os milagres, que realizou durante a vida e após a morte. Embora relatos tão antigos possam se confundir com lendas e histórias populares, o Vaticano cuidou de checar a veracidade dos fatos antes de ascendê-la à santa.

CAPÍTULO 11

A volta por cima

Isabel não estaria na longa caminhada se, naquele momento difícil, internada no hospital com hepatite B, não recebesse a providencial visita de uma amiga belga, que lhe falou do Reike. Ao contrário de quando tinha feito o trabalho no curso, dessa vez ficou tão interessada pela técnica milenar que chegou a se arrepiar com a energia que fluia a partir da sobreposição das mãos. A belga tinha recebido havia pouco tempo uma iniciação e achava que sua missão era passar adiante o que aprendera.

Para sua amiga, estamos sempre recebendo sinais que não conseguimos decifrar, porque vivemos embotados. A reação das pessoas costuma ser uma resposta racional, na ponta da língua. Mas quando é o corpo que diz alguma coisa, simplesmente ninguém costuma escutar. Segundo ela, quando dizemos que encontramos alguém por acaso, deveríamos tentar entender o significado desse encontro, porque nada é por acaso. Ela jamais poderia imaginar a reviravolta que essa reflexão teria na fantástica experiência que viveu durante a caminhada até Finister.

Isabel começava a se habituar à rotina hospitalar quando uma enfermeira voltou a lhe falar de Reike. Ela filosofou: *se você chegou onde está é porque pode sair desse lugar.* Isabel encheu-se de coragem e resolveu sair daquele ambiente depressivo, que estava acabando com ela, e voltar para casa. O mais incrível é que os médicos respeitaram sua decisão.

Começou a estudar Reike e, aos poucos, a filosofia mudou radicalmente sua vida. Na primeira sessão, a terapeuta percorreu todos os seus centros energéticos com as mãos. Isabel ficou esperando que alguma coisa fantástica acontecesse. No fim, o que sentiu de imediato foi mais confiança em si mesma. Podia parecer pouco, mas foi muito naquele momento.

Tomou consciência de que sempre foi dependente dos outros e percebeu como não conseguia mais suportar essa situação, que culminava numa sensação de enjoo. Quando reencontrou Antonio em casa, quase vomitou essa constatação que lhe trazia tanto alívio: sempre obedeceu. Primeiro, aos pais. Depois aos professores, a Deus, à Igreja, ao sistema, à sociedade e a ele, depois de casar. Antonio ficou perplexo com o desabafo.

Até que seu processo foi rápido. Entendeu que todos vivemos em harmonia com o planeta e virou vegetariana. Não seria compatível com essa compreensão de matar seres vivos para se alimentar. Nunca valorizou muito a comida e a mudança não foi difícil: trocou os suculentos filés por sopas, saladas e cereais. A melhora na digestão e o bem-estar foram imediatos.

Aprendeu com a filosofia do Reike que podemos influenciar os acontecimentos de nossa vida, mas quando eles fogem ao nosso controle é porque seguem a lógica do Universo. É preciso, portanto, deixar fluir. Dessa forma deixamos de dar murros em ponta de faca e sentir medo. Também passou a praticar ioga diariamente, uma das melhores contribuições que poderia dar para restabelecer a saúde física, mental e espiritual.

Procurou uma terapia de bioenergética, também fundamental em seu processo de renascimento. A técnica foi criada nos anos 1940 por William Reich, psicólogo e médico austríaco, ex-aluno de Freud. Ele descobriu o que chamou de energia da vida, ou orgone. Estudou os glóbulos vermelhos e constatou que eles são cercados por faíscas brilhantes, que batizou de bions. Privados dos bions, os glóbulos passam a ter ao seu redor uma mancha escura, chamada por Reich de bactéria T. Quando os glóbulos se dissolvem, os bions e bactérias T entram no organismo.

O médico experimentou injetar essas bactérias em uma cobaia e imediatamente o animal desenvolveu um câncer. Depois injetou bions e a cobaia recuperou a vitalidade. Reich concluiu que a doença só se alastra na ausência do orgone e do bion, o que ele denominou energia do vácuo. Mais tarde Isabel passou a fazer uma forte restrição a Reich: ele foi um materialista que desprezou a existência do espírito. E era justamente nesse aspecto que ela estava mais focada.

Através de exames físicos, sua terapeuta avaliou que a doença começou a se instalar 35 anos atrás. Isabel reviu uma cena de quando tinha 7 anos e não parava de vomitar. Nesse momento, a terapeuta a orientou a pôr a mão em cima do timo, uma glândula entre o coração e a garganta que bloqueia a energia cada vez que se fecha.

Depois começou a repetir que estava livre de todos os medos — separação, morte, não ser perfeita ou amada. Essa terapia permitiu que ela transformasse a tristeza, a depressão e a negatividade em vitalidade, saúde e alegria. Impressionante como funcionou no seu caso. Passou uma borracha em seus traumas e medos.

Fez parte desse processo de aprendizado repetir afirmações como: *se o meu desejo é ser saudável, penso que sou saudável. Digo que sou saudável e ajo como alguém que é saudável.* Embora não existam fórmulas para aferir o poder dos pensamentos negativos, ela aprendeu que os pensamentos são como bumerangues, que sempre voltam para nós. Assim, não há dúvida de que o pensamento positivo é a melhor opção, porque a energia positiva também voltará para nós. A consequência mais imediata de toda essa metamorfose foi sua decisão de fazer o Caminho Português. Quem sabe outros caminhos viessem depois?

Também passou a botar em prática uma série de hábitos que a ajudaram muito: respirar fundo, exercitar o corpo diariamente, manter a postura ereta, se abrir aos sinais do Universo e agradecer por tudo, sempre. Percebeu que não há nada melhor do que viver cada dia como se fosse o último e aceitar as pessoas como elas são. Foi mais ou menos assim que recebeu alta do câncer e da hepatite, depois de passar por momentos dificílimos.

Ela mal podia explicar como foi profunda a mudança. Optou pela felicidade. Foi então que resolveu reunir todas essas informações em um site, que começava pela palavra "acredite". Como recebeu muitos acessos, teve a ideia de escrever um livro sobre seu processo de autocura. Não encontrou ninguém interessado em publicar, mas não desistiu. Fez um empréstimo no banco e lançou a primeira edição. O sucesso foi tão grande que uma editora se interessou. O livro está para ser relançado e vai ser traduzido para o francês e o inglês. Isabel tinha a certeza de que seria uma maneira de ajudar muita gente.

Para completar essa metamorfose, ela procurou uma terapia de vidas passadas. Achou que a técnica poderia não só ajudá-la a compreender a doença, como a se preparar para essa nova etapa da vida. Foi à terapeuta indicada por seu amigo filósofo e ambas se deram muito bem.

Na primeira consulta, deitou na cama em um ambiente de penumbra. Ela a orientava com perguntas e era Isabel quem ia dando as coordenadas com suas sensações. Ela acreditava naquela técnica, mas, na hora, parecia que tudo aquilo não passava de fantasia. Até que se sentiu transportada para um lugar desconhecido, com pessoas que usavam trajes medievais. Viu-se em um convento, rezando muito e preocupada com as pessoas que batiam à porta, pedindo alimentos e cobertas. Fazia frio. A imagem aos poucos se desfez até que a terapeuta avisou que a consulta estava encerrada.

Embora a nova experiência não lhe desse nenhuma orientação nesse sentido, chegou em casa com a certeza absoluta de que o casamento tinha acabado, se é que ainda lhe faltava alguma convicção. A vida estava de volta, plena, e ela sentia muita coragem. Ver a morte de perto é uma experiência riquíssima, especialmente para quem consegue escapar dela. Os valores mudam de uma maneira radical. O pouco dinheiro que começou a entrar a estimulou a botar em prática a ideia de fazer a longa caminhada. Seus planos, porém, eram ambiciosos.

Uma amiga que morava na Califórnia montou um spa e tinha ficado viúva recentemente. Decidiu vender tudo e convidou Isabel para abrir um centro em Portugal a fim de atender não só aos clientes interessados em estética, mas em saúde e bem-estar. Isabel se dedicaria mais a mostrar aos doentes terminais como eles podem reverter o quadro em que se encontram. Deixaria ainda um espaço para proporcionar hospedagem barata aos peregrinos.

Quando resolveu viajar a Santiago de Compostela preparou o corpo, ainda enfraquecido pela doença, com aulas de ginástica e musculação. Também passou a andar a passos rápidos 5 quilômetros por dia. Agora, depois de chegar tão longe no Caminho que tanto idealizou, pensava que seria o momento oportuno para fazer um balanço sobre o que se passava dentro dela.

A principal lição que tinha aprendido até então foi viver o momento presente, sem se preocupar com o amanhã. Podia parecer lugar-comum e incoerente para quem depositava tanta expectativa em um futuro encontro. A cada momento, no entanto, percebia o quanto era ruim criar expectativas, embora fosse bem difícil botar em prática aquilo que se idealiza.

Trouxe com ela um pequeno resumo do trajeto feito no ano anterior por um conhecido. Muito organizado, ela marcou as distâncias, os locais onde dormir e o que havia de interessante para se ver. Como o casal de alemães usava o tal guia sensacional, ela deixou de consultar seu modesto oráculo. Às vésperas de chegar a Santiago, deu uma olhada no texto e aprendeu mais sobre seus padrões. Leu a respeito dos trechos íngremes e árduos que a aguardavam, depois de passar por eles, nem se deu conta da dificuldade.

Temia o lugar encharcado onde sabia ser inevitável molhar os pés. Teve até esperança de que isso não acontecesse, sabendo que a região passava pela mais intensa seca dos últimos 60 anos. Mais um dos desequilíbrios do planeta, provavelmente resultado do aquecimento global. Quando chegou lá, no entanto, os pés se molharam e secaram pouco adiante. Sem maiores consequências.

Percebeu a energia que desperdiçou com a preocupação. Ele também falava de um trecho de muita lama, que simplesmente já não existia quando ela passou. Ou seja, não dá para se fiar na experiência alheia, embora ela também possa ser útil. O velho ditado "não ponha os carros na frente dos bois" é de uma sabedoria incontestável.

O dia a dia lhe deu uma resistência incrível. A ponto de Isabel esquecer o peso da mochila e ficar cada vez menos preocupada em chegar. Com uma média de pouco mais de 20 quilômetros por dia, deixou para trás a preocupação de não conseguir alcançar o objetivo. E isso aconteceria naturalmente.

Depois de um inóspito trecho entre Tui e Redondela, voltaram a encontrar paisagens verdes. Esquilos, ovelhas e cabras se tornaram companhias frequentes. O ar era bom de respirar e a variedade de flores silvestres, encantadora. Suas fadinhas. Em cada etapa era uma sensação de conquista. Isabel sentia que a forma física melhorava, a caminhada ficava mais fácil e a quilometragem deixava de ser uma ameaça.

Até ser surpreendida por uma cena insólita. Começamos a ser acompanhadas por um pequeno cão. Antes de atravessarmos uma movimentada estrada, ela parou para fotografar agricultores com o trator lotado de uvas e não percebeu que tinha se perdido. O cão, que já atravessara a estrada, voltou. Seguimos o animal que, depois do dever cumprido — conduzir-nos de volta ao caminho —, voltou para casa. Aquilo a tocou. Parecia um anjo da guarda disfarçado...

135 · PROCURA-SE UM MILAGRE

No percurso para Pontevedra ela parou no posto de informações turísticas para perguntar se havia uma parte velha na cidade. A jovem funcionária, que disse nunca ter percorrido o caminho, avisou que a cidade era toda moderna. Não era o que dizia o guia dos alemães. Sem saber por quê, Isabel preferiu acreditar na informação. Seguiu em frente, meio desapontada.

Quando chegamos, ficamos num hotel em meio a um monte de edifícios, nada convidativo, já conformadas com a informação antecipada pela funcionária da informação turística. Isabel carecia de uma caprichada faxina nos pés. Como acabou se habituando, decidiu fazer a caminhada de tênis, sem meia, o que deixava os pés mais sujos. Os alemães, equipadíssimos, não entendiam nada. Antes de começar a andar, ela passava um pouco de vaselina nos dedos dos pés que a pouparam das bolhas. Em compensação, os pés ficavam imundos. Depois de um bom banho saímos para conhecer o lugar. Mesmo quando começávamos a andar mais tarde, por volta das 10 horas, sempre havia tempo para chegar ao destino final com luz do dia. O passeio depois do banho, e sem a mochila, era verdadeiro deleite.

Qual não foi a nossa surpresa ao encontrarmos uma das cidades medievais mais interessantes até então? A catedral, os monumentos e as casas medievais, todos de pedra, eram deslumbrantes. Pareciam cenário de filme de época. O lugar tinha um charme especial, com bares que oferecem tapas — além das pequenas porções de frutos do mar, iguarias regionais, como os pimentões em miniatura. Esses pimentões eram um capítulo à parte. De repente, em meio a várias unidades, um deles era tão apimentado que chegava a provocar lágrimas dos olhos. É uma espécie de loteria que vira uma divertida brincadeira. Nunca se sabe quando um desses "venenosos" vai aparecer.

Um músico tocava flauta doce, com um repertório que remetia à Idade Média. Bom demais. Esse tipo de programa existe em toda a Espanha, mas em Pontevedra o sabor tinha algo de singular. Todos se divertiram muito com a história que eu contei quando fiz o caminho Francês. Cheguei a um albergue muito feio, onde só havia um alemão de cabelos brancos arrepiados e dentes pretos. Senti alívio ao perceber que havia um quarto separado para mim. Mas logo vi que a parede estava cheia de aranhas e, antes que tivesse tempo de matá-las, as luzes se apagaram. Todos choraram de rir, talvez pelo jeito que contei. Parecia cena de comédia.

Era mais ou menos nesse estado de espírito, de enfrentar o desconhecido, que Isabel viveu os primeiros seis meses em que morou na Califórnia. Foi trabalhar como babá na casa de uma família. Eles gostaram tanto dela que sempre a levavam para jantar fora e contratavam outra pessoa para cuidar das crianças. Quando terminou o contrato, ela resolveu se mudar para São

Francisco, uma cidade que a atraía muito, pela beleza natural e pela liberdade de costumes. Talvez um pouco além da conta.

No primeiro contato achou o lugar desleixado e promíscuo, quem sabe pelo ranço de sua educação católica. Era uma espécie de Sodoma e Gomorra, cheia de homossexuais. Depois do primeiro choque, porém, aprendeu a viver sem se incomodar com os homens que se beijavam ou as mulheres masculinizadas que lhe lançavam olhares provocadores.

Foram tempos difíceis. Isabel chegou a passar fome porque não conseguia arranjar emprego. Não quis dar o braço a torcer e pedir ajuda aos pais. Até que começou a trabalhar em uma confeitaria, onde conheceu Antonio. Ele vinha de uma experiência de três anos em hotéis nos Pirineus, para viabilizar sua estada de seis meses nos Estados Unidos.

Sua primeira impressão foi a de um refúgio de lucidez em meio à selva humana de São Francisco. Era um porto seguro, com pitadas de sabedoria de quem viveu a época hippie. Ela não sabia distinguir se o sentimento foi ampliado por sua carência, mas se apaixonou de cara. Ele tinha um sorriso extremamente sedutor, e a voz *caliente* com que acompanhava sua guitarra derreteram seu coração.

Antonio morava com duas *irmãs* americanas, em ritmo de sexo, drogas e *rock'n'roll*. Mas se encantou tanto com Isabel que deixou a vida desregrada para trás. Quando nasceu o primeiro filho, acharam que era hora de voltar à Europa, sobretudo porque ele não tinha visto de permanência.

Decidiram morar em Portugal, com os sogros de Isabel. Eles viviam no norte do país e ela sofreu muito com o frio. Depois veio a segunda filha. Resolveu, assim como sua mãe, dedicar a vida aos filhos. Quando chegou à adolescência, a filha largou os estudos para virar surfista. Usava cabelos rastafari. Cresceu à beira mar, porque logo a família se mudou para o Algarve. Era rebelde e a mãe aprendeu a conviver melhor com a filha depois que passou a aceitar mais as pessoas. No final acabaram ótimas amigas.

O filho foi eleito o mais engraçado da turma. Ele era mesmo cômico, "muito giro", lembra a mãe coruja. Certa vez encontraram maconha no armário dele. Isabel separou uma pequena porção e se divertiu com o baseado que ela e Antonio fumaram numa festa de réveillon. Quando se encontraram com o filho, na mesma festa, todos riram muito, com aquele exagero peculiar provocado pela droga. Mas ela não teve coragem de confessar o pequeno furto.

O marido tornou-se uma pessoa conservadora e não se entendia com os filhos. Também não acompanhou o crescimento pessoal de Isabel. Para ela, esse foi o principal motivo para o fim do casamento. Não havia mais nenhum sentimento entre os dois e ela sabia que teria de tomar uma decisão quando terminasse a viagem. Mas isso aconteceria no momento adequado. Não adianta sofrer por antecipação.

Isabel pensava nisso quando percebeu que a caminhada para Caldas de Reis, sem trocadilho, foi de todas a mais escaldante. Pouco antes de chegar à cidade mergulhou a cabeça em uma fonte para se refrescar. Um alívio. Uma mulher que vinha buscar água contou que com a seca estavam fazendo racionamento em várias áreas. Onde ela morava o abastecimento só ocorria durante duas horas por dia.

Ela se lembrou de um e-mail cômico que recebeu. Um noticiário de televisão em Lisboa mostrava cenas de guerra em Bagdá e o âncora avisou que falaria a seguir com uma moradora daquela cidade. De repente, ele começa a entrevistar uma portuguesa que reclamou da falda d'água. *Mas a senhora não está em Bagdá?*, ele perguntou. A mulher respondeu que morava em Portugal e já não sabia o que fazer com a seca. *O senhor me deixaria tomar banho em sua casa? Claro que não*, respondeu o âncora irritado, sem saber o que fazer. *Mas nem um chap chap no chuveirinho do bidê?* Todos gargalharam com aquela história.

O despojamento de Isabel no Caminho era cada vez maior. Quando entraram na cidade, uma estação termal, os termômetros marcavam 35 graus. Era um dos lugares mais sem graça que ela conheceu no Caminho. Comeram *tapas* à beira de um rio, bem agradável. Foram jantar em um restaurante onde não havia nada do que estava no cardápio. O garçom parecia saído de um filme de terror, com uma cara sinistra. Só restavam mais dois dias até chegar a Santiago e ela já começava a sentir saudades dessa vida tão livre.

Durante o percurso de Caldas de Reis a Padrón passamos por um dos mais lindos bosques da Galícia. Escolhemos um convidativo recanto para lanchar e, quando os alemães passaram por nós, avisaram — graças ao superguia — que havia um local melhor, um pouco mais adiante. Realmente. Era uma pequena casinha de madeira sobre o rio, cheia de inscrições de peregrinos encorajando os amigos que estavam para trás. Pegaram uma carona no generoso lanche dos dois, com pão, queijo, salame e frutas secas, quando começaram a ouvir explosões.

Constatou que pairava fumaça sobre a vila que vinha a seguir, São Miguel de Valga. À medida que se aproximavam o barulho aumentava. Quando chegaram ao lugar havia um enorme galpão, onde as pessoas festejavam o aniversário da cidade com um almoço coletivo, regado a vinho. Não foram convidados. É estranho como a maioria das culturas gosta de fazer barulho para demonstrar alegria...

Afastei-me e, quando Isabel percebeu, tinha deixado para trás seus óculos escuros, com grau. Passava por uma trilha linda, cercada de flores do campo, quando resolveu voltar para procurar os óculos. Eles estavam bem em frente ao lugar da festa, onde imaginava que os teria deixado. Foi um alívio reencontrá-los.

Com isso, se separou dos amigos e seguiu sozinha até Padrón. Foi bom esse momento. Aliás, ela sentiu o quão gratificante foi saber que era uma boa companhia para si. E logo sentiu um frio na barriga, diante da possibilidade de Gilbert não aparecer. Nem parecia mais aquela pessoa resoluta que chegou a conclusões tão maduras sobre a vida. Logo depois nos encontramos. Eu a aguardava ao lado de uma bela igreja românica.

Quando entramos, o templo estava vazio e ficamos inebriadas pelo fortíssimo perfume das flores brancas que decoravam o altar. Ainda guardava o costume de pedir três graças quando entrava pela primeira vez em uma igreja: encontrar Gilbert e um lugar para abrir o spa. Uma noite sonhou com uma casa ao lado de uma cruz, mas até então não tinha se deparado com cenário semelhante. Talvez tivesse que voltar atrás e fazer o trecho de Vila do Conde a Barcelos para procurar. Quem sabe?

CAPÍTULO 12

O reencontro

Já havia se passado um ano desde que me despedira do alemão. Conheci outra pessoa em circunstâncias totalmente fora do convencional e um outro sonho começou. Mantive o amadurecimento sexual, somado à cumplicidade facilitadíssima pelo mesmo idioma.

Foi o reencontro com um menino que conheci aos 6 anos e convivi, na mesma escola, por outros três. Nessa época fui morar na serra fluminense. Meu pai começou a trabalhar numa empresa de motores de avião e tinha acabado de construir uma casa em Itaipava, naquela época um mato isolado de tudo.

Embora fosse bem pequena, mesmo aos 6 anos era capaz de perceber que minha vida era totalmente diferente da vida das amigas que deixei no Rio de Janeiro. Nossa casa era deliciosa, cercada por um deque de madeira que balançava sem risco de cair — claro que logo isso se tornou uma brincadeira. Aproveitei muito o enorme gramado inclinado: outra brincadeira era rolar ladeira abaixo e chegar ao outro lado totalmente tonta, sensação que só fui conhecer muito mais tarde, turbinada por *flutes* de champanhe.

A horta ficava atrás da casa e dei um jeito de fazer meu próprio canteiro, com um *pot pourri* do que havia nos canteiros vizinhos. Gostava em especial das cenouras: era mágico tirar aquele negócio cor de laranja pontudo — para não dizer fálico — que brotava dentro da terra, imediatamente devorado assim que lavado na torneira do quintal. Também me divertia com os tomates, que precisavam de uma estrutura de bambu para crescer. Fácil mesmo eram a salsa e a cebolinha, que davam como chuchu na serra.

Outra experiência única foi a piscininha que construí para minhas bonecas. Enturmei-me com os operários que construíam uma casa ao lado e aprendi a fazer cimento. Pedi a eles para me cederem um bocadinho de matéria-prima, cavei um pequeno buraco inclinado, para fazer o fundo e o raso, e caprichei no acabamento. Esperei dois dias para encher de água e as bonecas fizeram a festa. Foi um acontecimento. No primeiro temporal, minha obra virou um lamaçal e fui obrigada a desistir da empreitada.

Ideias não faltavam. Ainda mais porque a televisão era precária, não pegava direito e só havia imagem em preto e branco. *Nacional Kid*, apesar de ser uma grande atração para a total falta de atrações, não dava para preencher meu imaginário. Resolvi engravidar minha boneca, a Bella, que vovó trouxe de Paris. Pedi à Ni, sempre ela, para fazer uma barriga postiça. E vestido de grávida. Bella era "casada" com Fritz, um boneco alemão com uma tatuagem no braço musculoso que reproduzia o trevo de quatro folhas com a inscrição *good luck* (boa sorte) tatuada no bracinho musculoso, cabelo ruivo e encaracolado. Uma figura.

Achava Fritz meio feioso para aquela gracinha que era a Bella, mas como não tinha alternativa, não tem tu, vai tu mesmo. Claro que nessa época não fazia a menor ideia de como a barriga teria surgido, nem mesmo de mentirinha. Ela ficou uma graça de grávida, mas só aguentei esperar três meses para o nascimento. Foi o tempo que levei para ir a Pedro do Rio, bairro vizinho a Itaipava, e acompanhar mamãe na compra de um bebezinho de plástico. Estava radiante quando anunciei aos quatro ventos que o neném tinha nascido.

Fui estudar no colégio de uma ex-colega de minha mãe, voltado para os filhos de empregados sem alternativas de instrução. E sempre havia um espaço para os "mais bem-nascidos", digamos assim, filhos de amigas provenientes dos bons colégios das grandes cidades. Essa democrática característica também me enriqueceu como ser humano. O cenário era uma fazenda, com rio cristalino (hoje totalmente poluído) e terreno para brincarmos até explodir. Era pique-bandeira, pique-esconde, sem falar em temporadas de bolinha de gude e amarelinha. Um dia a professora avisou: corram todos, vai nascer o bezerrinho! Tivemos uma aula prática de parto, ao vivo e em cores. Foi a melhor fase da minha infância, que me condenou a virar uma natureba inveterada.

Quando conheci esse menino, éramos duas crianças, mas já havia um olhar comprido de ambas as partes. Passamos mais de trinta anos sem nos ver. Reencontrei um estranho, com quem tinha afinidades totalmente subjetivas.

Viramos uma noite sentados na pedra do mesmo rio em que brincávamos na infância, revirando nossas entranhas. O que encontrei não podia ser mais sedutor. Experiência de vida de um casamento desfeito, muita estrada rodada e muita, muita sensibilidade. Até disco voador vimos — com testemunhas — naquela noite. Era uma sensação estranha me lembrar de um garoto louro e sapeca e me deparar com um belo homem barbudo, olhos cor de mel, humor afiado. O sentimento chegou de mansinho até me arrebatar.

Ele estava morando na serra e só nos víamos nos fins de semana. No quarto encontro, parece mentira, subíamos o morro quando ele propôs: *o que você quer que eu faça, ponha um terno para pedir a seu pai sua mão em casamento?* Levei um susto e devolvi, no mesmo ritmo: *quem decide são minhas filhas. Vamos lá para casa e você faz a proposta a elas.*

A essa altura, as duas já eram parte de seu pacote de conquistas e não fizeram a menor restrição. Toparam no ato. Com o temperamento lúdico e sonhador de seus 7 anos, a menor exigiu: *então tem de ter uma festa bem bonita, como foi o casamento de minha mãe com meu pai.*

Passamos a dividir as escovas de dente e dois anos depois nos casamos numa bucólica capela perdida no meio do mato que, por mais uma dessas coincidências da vida, foi construída pelo meu tio-avô quando se casou. Parecia conto de fadas. A emoção de minha avó durante a singela cerimônia contaminou a todos. *Foi a única vez na vida em que a vi chorar*, surpreendeu-se meu pai, igualmente emocionado.

O atraso do padre e os trajes chiques dos familiares e amigos naquele cenário rural deu ares de realismo fastástico à celebração. Antes de me decidir, pensei duas vezes para não me contradizer com minha rejeição à igreja católica e a recente adesão ao budismo. A essa altura, minha espiritualidade pedia muito mais uma bênção do que um papel passado. Merecíamos a festa.

Além do mais, o ambiente rústico me libertava da pompa que costuma caracterizar os eventos religiosos. Dessa vez encontrei a pessoa que preenche os vácuos do passado, fala a língua do meu coração e do meu corpo. Claro que nada é perfeito, muito menos eu, mas já vivi o suficiente para saber que a perfeição não existe.

Já nos primeiros anos enfrentamos dificuldades financeiras e de saúde que eram inéditas para mim. A vida e a profissão me levaram a uma outra aventura espiritual, o kardecismo. Quando fui fazer uma reportagem em um grande centro espírita do Rio de Janeiro, o Lar de Frei Luiz, passei por uma espécie de cirurgia espiritual — para inspirar meu texto — que me trouxe uma incrível sensação de bem-estar. Algo parecido com o que eu havia experimentado depois de um *secchin*.

Mergulhei na leitura de livros espíritas e me identifiquei com a teoria, cuja característica mais forte é ajudar ao próximo. Não posso deixar de lembrar que minha avó materna conheceu Frei Luiz e minha mãe o viu, numa aparição, no jardim da casa onde morávamos, no Rio. Ele dedicou sua vida à caridade em Petrópolis, na região serrana. Assim como no budismo, os espíritas acreditam em reencarnação e também que todos nascem para se aperfeiçoar. Fazem uma espécie de pacto com os pais antes de baixarem à Terra, para poderem cumprir sua missão. Repetem a trajetória até atingir estágios mais elevados.

Ao mesmo tempo em que meu lado racional me puxava para o chão, achava confortável pensar que a vida não acaba e que a justiça divina, ou seja lá o que for, é capaz de nos trazer de volta à Terra para nos tornarmos seres melhores. Às vezes me lembrava de minha avó paterna, espírita, que deixou livros psicografados e costumava repetir em tom apaixonado: *como explicar a existência dos aleijados, dos miseráveis? Eles voltam para pagar o mal que fizeram nas vidas anteriores.* Era pequena e achava aquilo muito assustador.

Depois de entrar em contato com a doutrina, já adulta, em alguns momentos eu acreditava piamente nessa ideia, mas rateava a cada situação de injustiça mais radical, como a de inocentes morrerem dentro de um ônibus incendiado por traficantes. Essa balança pesou seriamente para o lado do kardecismo quando meu marido foi operado da coluna e, numa barberagem médica, teve as cordas vocais cortadas.

Ele ficou meses sem conseguir falar, até que uma amiga querida nos levou a um centro espírita em Juiz de Fora, Minas Gerais. É bom lembrar de seu Elias, o médium que devolveu a voz a meu marido. Depois do primeiro contato, seu Elias recomendou que ele passasse por sessões de desobsessão — em que as influências espirituais negativas são afastadas —, antes de se submeter a uma segunda cirurgia, conforme propunham os médicos.

Cumpriu à risca a recomendação e um dia, de repente, voltou a falar. Mas pouco depois soltou um palavrão quando levou a fechada de um carro e a voz sumiu. Seu Elias explicou que era preciso merecimento para voltar a falar. Alguns dias se passaram quando fomos à festa de aniversário de um amigo. Bebemos e dançamos a noite toda, leves e felizes. No dia seguinte meu marido voltou a falar e não parou mais, para a surpresa dos médicos que viam uma nova cirurgia como única alternativa para a cura.

Seu Elias era um homem simples. Trabalhava como eletricista e era dono de uma sabedoria incomum. Devia ser o que os kardecistas chamam de "espírito velho", que já voltou à Terra muitas vezes. Morreu, infelizmente, o que para a doutrina é apenas uma "passagem".

Outro espírita importante em minha vida foi Ronaldo Gazzola, presidente do Lar de Frei Luiz. Era um competente médico cirurgião que dedicou a vida a amenizar o sofrimento alheio, tanto no corpo, quanto no espírito. Me contou episódios inacreditáveis. Um deles envolveu Tom Jobim.

O grande maestro fez um tratamento espiritual no Lar de Frei Luiz antes da fatídica cirurgia que o matou, nos Estados Unidos. *Tom estava inseguro e veio pedir minha opinião. Perguntou se viajava ou não, já que os espíritos o consideraram curado.* Respondi que não poderia interferir em seu livre-arbítrio. *E se fosse você, o que faria?,* ele insistiu. *Se fosse eu, não viajaria,* respondeu Gazzola. Infelizmente, Tom preferiu confiar no avanço científico dos americanos.

Depois de morrer, Gazzola deu uma rosa amarela à mulher, Helena, durante uma sessão de materialização no Frei Luiz. *Toma, bem, é pra você,* disse ele com o inconfundível sotaque mineiro. Helena ficou emocionadíssima. *Para nós, espíritas, a morte tem outro sentido. Sabemos que a vida é uma passagem e que vamos nos reencontrar com os entes queridos. Mas nem por isso deixo de sentir saudades dele,* admitiu.

Tive a rara oportunidade de participar de uma reunião de materialização de espíritos, no Frei Luiz. Era um sábado, sete da manhã, quando aguardava com um grupo na antessala, entre eles, a cantora Elba Ramalho e o ator Carlos Vereza. Entrei na sala, muito escura, e aos poucos meus olhos se acostumaram. A escuridão é fundamental para preservar o ectoplasma, substância que dá forma física ao espírito.

Devia ter umas trinta pessoas ali. Todos passaram por uma preparação rigorosa, que proibia o consumo de carne e a prática sexual nos dias anteriores. Segundo explicam, é a maneira de entrarmos numa sintonia mais próxima à do espírito. Fui convidada a me deitar em uma das camas próximas à cabine onde o espírito se materializava. Quando ele se aproximou, ouvi o ruído de sua roupa e vi o vulto. Mas a escuridão não permitia uma visão mais apurada.

Ele projetou em alguns pontos de meu corpo a luz emitida por um pequeno aparelho, que um amigo médium diz ser trazido do lado de lá, com uma tecnologia ainda desconhecida na Terra. Fez algo parecido com as pessoas deitadas ao meu lado. Tudo não deve ter levado mais do que meia hora. Fiquei com uma sensação sublime.

E como se não bastassem tantos voos do espírito, minha profissão me proporcionou mais uma crença. Fui convidada a acompanhar as festividades dos cinquenta anos de Amma, a mulher indiana que muitos consideram deusa.

Quando comecei a ler sua biografia, pensei: os hindus acreditam mesmo em qualquer coisa. Mal sabia o que me esperava. Amma teve uma infância muito difícil, foi rejeitada pelos pais e passou dificuldades. Desde criança manifestou um incondicional interesse pelo outro, em qualquer circunstância. A dedicação só fez aumentar com a idade e hoje ela controla um verdadeiro império de obras sociais.

Construiu hospitais, uma infinidade de casas populares e presta os mais diversos serviços aos conterrâneos necessitados. Fez uma série de milagres e o que ficou mais conhecido entre seus seguidores foi a cura de um leproso.

Fiz uma longuíssima viagem à Índia, com escalas em São Paulo, África do Sul e Bombaim, antes de chegar a Cochin, no sul do país, onde aconteceriam as festas. Dei um jeito de meditar, caminhar e fazer alongamento durante as escalas e desembarquei em Bombaim com uma razoável vitalidade. Atravessei corredores do aeroporto internacional que pareciam um fim de mundo para chegar ao ponto onde pegaria o ônibus para o aeroporto de voos domésticos. Era uma paisagem deprimente: tudo caía aos pedaços.

Passava da meia-noite e foi um alívio quando o ônibus chegou, poucos minutos depois, vazio. No ponto seguinte me deparei com algo que se tornaria rotina: uma multidão. A Índia é um grande conglomerado de multidões. A primeira a subir no veículo foi uma senhorinha de bengala. Ofereci meu assento. Ela agradeceu muito, mas sentou-se na poltrona atrás da minha.

Passei quase quatro horas no aeroporto para embarcar quando avistei a senhorinha aguardando o voo. Me aproximei e puxei conversa. Não é difícil encontrar quem fale inglês na Índia. Contei que era jornalista e disse que estava no país, pela primeira vez, para fazer a cobertura do aniversário de Amma. Para minha surpresa, ela não sabia de quem se tratava — provavelmente pela profusão de avatares que existem em seu país. No banco em frente, porém, uma mulher reagiu de imediato quando pronunciei o nome da deusa: *Amma? Sou uma representante dela na pequena cidade onde moro, na Itália*, disse a mulher, com emoção transbordante.

Foi um primeiro contato com a devoção pela deusa. Tomei o último avião e, quando desembarquei em Cochin, deveria encontrar alguém me aguardando, com um daqueles pequenos cartazes. Mas não havia ninguém. Estava tão exausta que nem dá para dizer o que senti. Minha vontade era deitar no chão para dormir ali mesmo.

A italiana vinha logo atrás e desabafei minha aflição. O pior é que sequer pensei em alternativas do que fazer na hipótese de desencontro. *Não tem importância. Você vem comigo para o meu hotel, descansamos um pouco e seguimos para o centro de convenções, onde tudo vai acontecer*, ela me confortou.

Quando saí do aeroporto, novos sustos se sucederam. O trânsito era caótico e as ruas superlotadas de gente. O calor, opressivo. O velho táxi ainda furou o pneu antes de chegarmos ao hotel. Desmaiei na cama por três horas e seguimos para os festejos. No centro de convenções, outra multidão. Só o estádio onde Amma falava tinha capacidade para oitenta mil pessoas. E estava lotado.

A italiana me apresentou a uma fotógrafa, sua amiga, e ambas tentaram me ajudar. Me levaram a um organizador dos eventos na sala de imprensa, mas meu nome não constava da lista de jornalistas estrangeiros. Com isso nem poderia pegar a credencial para trabalhar. Vi um monte de computadores e foi um alívio enviar mensagens ao Brasil, contando a situação absurda em que tinha me metido. Logo apareceu um hindu, perguntando alguma coisa e, do jeito inseguro em que eu estava, achei que ele me proibia de usar os computadores por não estar credenciada.

Não era nada disso. Ele também queria ajudar. Expliquei o que acontecia e ele me encaminhou a uma pessoa da organização. Quando me aproximei, fiquei aguardando o homem terminar um diálogo com outra mulher. Prestei atenção na conversa e percebi que ela falou em *South America*. *De onde você é?*, perguntei. *Do Rio de Janeiro*, ela respondeu. *É mesmo, como você se chama?*, perguntei com uma lufada de esperança. *Débora.*

Ela era o contato que eu deveria ter encontrado no aeroporto! Um *milagrito* de Amma. Daí em diante comecei a trabalhar. O mais impressionante foi conhecer uma cultura tão fascinante, mesmo por tão pouco tempo. O estádio era repleto de pequenos estandes, onde se vendia de incenso a roupas indianas. A voz doce e, ao mesmo tempo, incisiva de Amma ecoava pelos auto-falantes distribuídos do lado de fora do estádio. Aquilo era muito mais que uma viagem.

O clímax aconteceu no último dia. Teria de acordar muito cedo para pegar o avião de volta, mas acabei entrando noite a dentro para fazer as últimas entrevistas. Até então me comportava com a distância da repórter. Alguma coisa começou a mudar depois que ouvi o relato do braço direito de Amma, um *swami* (sacerdote) que de vez enquanto vem ao Brasil.

Ele era um bancário, foi buscar ajuda espiritual no *ashram* (mosteiro) de Amma e testemunhou o primeiro milagre a se tornar público. Havia um homem leproso que insistia em ouvir a deusa e era afastado pelos seguidores. Quando Amma soube o que se passava — assim como a rainha Isabel —, resolveu cuidar pessoalmente do caso.

Passou dias tratando do homem e o *swami* viu quando Amma lhe lambeu as feridas. *Quem poderia ser capaz de fazer uma coisa dessas?*, questionou ele, sob visível emoção. O homem se curou. Daí em diante, o bancário abandonou as cifras e se tornou um dos mais dedicados apóstolos da deusa.

Li essa história no livro. Bem diferente foi ouvir o relato de uma testemunha. Esse dia era minha última chance de abraçar Amma, não poderia perder aquela oportunidade. Ela viaja o mundo inteiro abraçando as pessoas e rodou horas consecutivas — sem parar para beber água ou ir ao banheiro — no ritual daqueles quatro dias.

Me aproximei do enorme palco, todo decorado com flores naturais, e esperei por uma hora até receber autorização para subir. Quando cheguei lá em cima, havia um grupo de seguidores mais próximos — vestidos de branco, assim como todos os presentes — que também aguardavam o abraço. Uma banda tocava cítara e eu me sentia num filme. O ar perfumado pelo incenso e a atmosfera impregnada de amor me contaminaram.

Esperei pacientemente minha vez, mas, quando estava frente a frente com Amma, abri meus braços e a envolvi. Imediatamente fui afastada pelos auxiliares, porque ninguém pode abraçar a deusa. Todos têm de se deixar abraçar. Nesse minuto trocamos um olhar cúmplice e saí de lá com o coração aos saltos.

Voltei ao Brasil completamente tocada. Admito que possa ter facilidade em me envolver nas teias espirituais. Me identifico com essas ramificações que têm em comum o amor. Meu perfil religioso é escancarado em minha mesa de cabeceira, onde convivem pequenas esculturas de Jesus Cristo — não o crucificado e sim a réplica do Corcovado, de braços abertos —, Maria, a Nossa Senhora, Buda e uma fotografia de Amma.

Faço meditação antes de partir para minhas caminhadas matinais, onde também rezo e repito o mantra de Amma. Talvez esse ecletismo todo seja um contraponto ao radical materialismo de meu pai, que não acredita nem em homeopatia. Me sinto como naquele velho anúncio de automóvel: sempre cabe mais um.

Em 2007, Amma escolheu o Rio de Janeiro como cenário de sua viagem à América do Sul. *Dessa vez não posso perder a oportunidade de um abraço pleno*, pensei. Ela resolveu se hospedar num hotel vizinho à Rocinha, a maior favela da América do Sul. A verdade é que não vi nenhum favelado nas horas que passei na fila até conseguir entrar no hotel.

Como de costume, em se tratando de Amma, encontrei uma multidão quando cheguei. Tudo correu bem, entretanto. Bem demais. Embora tenha seguido todos os trâmites indicados pelos organizadores — devotos voluntários que sempre a acompanham —, acabei recebendo um caloroso abraço muito antes do que esperava. Saí de lá esbanjando felicidade.

Depois de tantas histórias espiritualizadas, chega a ser engraçado me remeter à minha mais antiga lembrança. Estava em casa com mamãe quando chegou uma prima dela e ambas resolveram sair. Pedi para ir junto. Bati pé, e acabei sobrando. Não tinha mais do que 2 anos e me lembro de pensar em vingança por ter sido deixada em casa. Não tive dúvidas: peguei uma tesoura no banheiro e cortei os cachinhos que começavam a nascer, tão valorizados por minha mãe. Ela quase morreu de raiva quando voltou e me reencontrou quase careca. E eu saboreei a decepção dela... Deve ser minha lua em escorpião.

CAPÍTULO 13

Os milagres

Depois que ficou viúva, a rainha santa nunca mais abandonou o hábito franciscano, amarrado por uma corda rude e grosseira. Foi morar no mosteiro de Santa Clara, embora não vivesse no rigor da clausura. Ao mesmo tempo em que buscava isolamento, não queria perder o contato com o mundo exterior para poder dar continuidade à atividade assistencial.

Parece que depois da morte seus milagres se multiplicaram. Por mais que a história e os relatos anônimos tenham se esforçado em exagerar os feitos de Isabel, é impossível deixar de admitir sua grandeza. Um dos primeiros fatos sobrenaturais ocorridos após sua morte aconteceu no convento onde morava uma mulher, chamada Constança Alves, nascida em Évora. Ela sofria muito com um câncer no rosto que lhe corroia os lábios e parte da gengiva.

Os médicos já não sabiam o que fazer. Quando o ataúde da rainha santa foi transportado da igreja para a capela do sepulcro, Constança foi beijar o caixão, ao lado de outras religiosas que moravam no mosteiro. Contam as testemunhas que ela se curou na mesma hora e os tecidos corroídos foram instantaneamente recuperados. O fato foi checado pelo Vaticano e a própria Constança, interrogada.

Mais tarde houve outro milagre, dessa vez no convento de Celas, perto de Coimbra. A religiosa Ana Azpilcueta Navarra estava paralítica havia muitos anos. Os médicos também não achavam solução para o seu drama. A doente foi aconselhada por outra freira a pedir a cura à rainha Isabel. Na noite seguinte, Ana sonhou com a rainha santa e parecia ouvir uma voz que a chamava. Quando acordou, foi sacudida com violência por um grande estremecimento. Saltou da cama e correu ao mosteiro, onde estavam outra freiras. As religiosas ficaram pasmas e choraram de alegria ao ver a paralítica caminhar com toda a segurança.

Outro caso, também investigado pela Santa Sé, teve como cenário o povoado de Cernache, nas imediações de Coimbra. Maria Antonia, mulher casada com um médico cirurgião, tivera uma filha aos 22 anos. Mas já nessa época o seio secou e ela não conseguiu mais amamentar a menina. Mais tarde a filha se casou, teve uma criança e recebeu uma irrecusável proposta de trabalho. Entregou a filha à avó, supondo que ela pudesse criá-la com leite de cabra. O bebê, no entanto, recusou-se a aceitar qualquer alimento e começou a definhar.

Aos 50 anos, Maria Antonia, aflita, vendo a neta prestes a morrer de fome e sem saber como alimentá-la, foi ao mosteiro de Santa Clara e rezou aos prantos à rainha. De repente ela começou a sentir que seus seios latejavam e estavam se enchendo de leite. Foi tanta abundância que a avó, que não havia conseguido amamentar a própria filha, alimentou a netinha por dois anos.

A passagem de Isabel pelo Caminho Português deu origem a uma lenda. Ao chegar ao rio Certoma, a rainha foi desaconselhada a beber a água, que segundo os moradores fazia mal aos animais. Ela provou a água e comentou *certo má*, dando origem ao nome do rio. Depois do episódio, entretanto, não houve mais relato de animais prejudicados por aquelas águas.

Outra história, tão difícil de acreditar, ocorreu em Extremoz, nos Poços do Castelo. A rainha bordava e, distraída, deixou cair a agulha e a linha no chão, que lhe foram devolvidas pelos passarinhos. Parece até cena dos filmes de Walt Disney.

Em Arrifana de Santa Maria, a mãe de uma ceguinha implorou a cura da menina à rainha. A filha voltou a ver depois de ser tocada nos olhos por Isabel. Outro milagre ocorreu em 1554, bem depois da morte da rainha. Portugal passava por uma grave crise e uma longa procissão se dirigiu ao túmulo da rainha, pedindo-lhe proteção. As orações foram ouvidas e, desde então, santa Isabel passou a ser reconhecida como protetora de Portugal.

D. João III, seu devoto, pediu ao papa Paulo IV que o culto à rainha fosse estendido a todo o reino de Portugal. Até hoje, quando a seca castiga a região de Coimbra, os camponeses correm ao mosteiro e se prostram diante da imagem da rainha santa, pedindo chuva. O resultado das preces costumam ser eficazes, segundo se comenta na cidade.

No ano seguinte, em 1555, foi criada a Confraria da Rainha Santa, que dá continuidade às obras sociais e para cultuar a memória de Isabel de Aragão. Outro profundo admirador da rainha foi D. Dinis, o poeta trovador, que escreveu os seguintes versos em homenagem à esposa: *Pois que Deus vos fez, Senhora,/ a fazer do bem sempre o melhor/ E dele ser tão sabedora,/ Em verdade vos direi:/Érades boa para Rei! E pois sabedes entender/ Sempre o melhor e bem escolher,/ Verdade vos quero dizer,/ — Senhora que sirvo e servirei:/ — Pois Deus assim o quis fazer,/ Érades boa para Rei!/ Pois sois de deus obra sem par/ No bem sentir, no bem falar,/ Nem outra igual se pode achar./Meu bem, Senhora, vos direi:/ De Deus quisesse assim mandar./Érades boa para Rei.*

Apesar de mulherengo inveterado, D. Dinis foi um homem de muitas qualidades. Sexto rei da primeira dinastia portuguesa, acabou marcado pela preocupação social da esposa, pois fundou várias instituições de caridade. Publicou o artigo que daria origem a um código de proteção às classes menos favorecidas dos abusos do poder. O incontrolável encanto que sentia pelo sexo feminino, diga-se de passagem, era mais um traço coerente com à personalidade de um rei poeta e trovador.

O rei escreveu vários livros e fundou a Universidade de Coimbra, fundamental para transformar a corte portuguesa na mais notável e literária da Península Ibérica. Foi apelidado de rei trovador. Mas foi também chamado de rei agricultor, por ter estimulado os camponeses a se fixarem na terra, o que multiplicou a produção agrícola de Portugal.

D. Dinis criou ainda feiras e mercados para estimular os produtores e soube agir em defesa do meio ambiente, ao plantar o pinhal de Leiria — até hoje existente —, que impede o avanço das areias litorâneas sobre as plantações. A medida estimulou a navegação, ao disponibilizar madeira para a construção dos barcos que singraram os oceanos e deram início a uma nova e profícua era a Portugal.

O rei foi muito mais um administrador do que um guerreiro. O desinteresse pelas guerras levou D. Dinis a desistir do conflito com Castela, travado com aquele que seria seu futuro genro, D. Fernando IV, casado com Constança. Em troca, ganhou as vilas de Serpa e Moura, origem do território de Portugal com a assinatura do Tratado de Alcanizes, de 1297.

Durante o reinado de 46 anos, mais voltado ao desenvolvimento de sua terra, D. Dinis estimulou as indústrias do sal, da tecelagem de linho, o curtume e a exploração de minério. Incentivou o comércio exterior, embora as trocas não fossem das mais favoráveis ao reino. Exportava para Flandres (Holanda), Inglaterra e França sal e peixe salgado, e importava minério e tecidos. Um bom começo para o país que acabaria assumindo o papel de pioneiro em viajar pelos sete mares e inverter o desequilíbrio da balança comercial...

CAPÍTULO 14

Chegada a Compostela

O grupo se perdeu e já saía de Padrón quando Isabel resolveu perguntar pelo albergue. Na realidade, quando estava em movimento, sob os efeitos da endorfina, até se esquecia da existência de Gilbert. A partir da Espanha, a sinalização é mais caprichada do que em Portugal, feita com azulejos azul-marinho adornados pela vieira amarela, indicando a direção. Por outro lado, as setas ficam mais escassas e faltou uma para avisar que precisavam entrar na ponte medieval a fim de chegar ao antigo mosteiro, a mais bela hospedagem do Caminho Português.

As setas merecem observações à parte no Caminho. Isabel se deu conta de que quando começava um percurso se sentia amparada por elas. Já quando faltavam, sofria de insegurança, e quando a cidade seguinte não chegava nunca, ficava irritada. O albergue, colado à igreja de Carmen Padrón, é um imóvel de pedra em estilo medieval, com uma antiga cozinha pronta para o uso. Não chegamos a experimentá-la. A última refeição, num pequenino restaurante próximo, foi regada a alegria, sem saudosismo precoce. Todos sentiam um entusiasmo contagiante.

Isabel começou o derradeiro trajeto mesclando conflitantes sentimentos: alívio por saber que em breve não precisaria mais carregar a mochila e dó pela caminhada estar chegando ao fim. Impossível, entretanto, não associar a chegada a Santiago à emoção de rever Gilbert.

Será que ele tinha virado um careca barrigudo? Ela não acreditava nesse tipo de especulação. Gilbert foi um homem muito bonito. Sabia que existia uma remota chance de ele não aparecer, sobretudo porque estaria chegando cinco dias antes do previsto. Os amigos acabaram impondo um ritmo mais rápido de caminhada, ao qual ela se adaptou sem dificuldade. Por precaução, achou que era hora de começar a pensar em novos planos.

Era certo que os amigos partiriam para destinos já definidos ao final da caminhada. O casal seguiria para Lisboa antes de voltar à Alemanha e eu ia passar três dias em Paris, *por que ninguém é de ferro*. Tive então a ideia de seguir até Finister, se houvesse algum desencontro. Seriam mais 90 quilômetros. Havia o risco de terminar o percurso sozinha, mas sentiu coragem suficiente para encarar mais esse desafio. Pelo menos em sua imaginação.

Voltamos a pegar o asfalto para chegar a Milladoiro, o lugar de onde dá para avistar as torres da catedral compostelana. O grupo não teve essa sorte. Do alto da colina observaram apenas uma cidade bem grande. Isabel respirou fundo para não voltar a cair no lugar comum da impaciência que sempre antecede a chegada a qualquer grande centro. Só que não conseguiu botar o pensamento em prática. Se sentia realmente ansiosa.

Quando viu que já estava nos arredores de Santiago, não pensava em outra coisa: achar logo uma pousada para deixar a mochila e ir direto à catedral. A impaciência aumentou quando entraram na cidade antiga, com simpáticas ruelas e comércio para turistas, com aquele amontoado de bugigangas oferecidas a quem está disposto a comprar qualquer coisa, como em qualquer grande centro turístico.

Tentamos um hotel na área, mas os preços eram salgados. O dono, muito gentil, não só indicou uma alternativa, como pagou o táxi para nós. Só depois entendemos que ele era proprietário de ambos. Admitimos o alívio que sentimos ao sermos conduzidas ao destino final no conforto de um automóvel. Ficamos num quarto com uma bela vista para a catedral. O dia estava lindo e imediatamente Isabel recuperou o bom humor.

Finalmente entramos na cidade, sem peso por fora ou por dentro. Santiago é uma festa. Peregrinos com mochilas e cajados se misturam a turistas que chegam à cidade de ônibus, trem ou avião, além de estudantes das universidades locais. Muita gente jovem e bonita. Isabel ficou impressionada com a imponência da catedral que ocupava um quarteirão inteiro, com uma entrada diferente para cada face.

Ouviu o som de uma flauta medieval, mais adiante uma gaita de fole que os galegos herdaram dos celtas e em seguida uma guitarra tocando bossa nova em ritmo de jazz. Fiquei louca e fui conversar com o "Jazzman da Galícia", um uruguaio que tinha morado muitos anos no Brasil, em Búzios, e havia nove anos ganhava a vida tocando e vendendo seus CDs nas ruas de Santiago.

Ele contou que começou tocando num bar e ficou sem saber o que fazer quando foi demitido. Resolveu tocar na rua, gravou CDs e vive muito bem, obrigada. Isabel também gostou de ouvir músicas como *Samba do avião*, *Garota de Ipanema* e *O barquinho*, que costumava tocar em seu restaurante.

Distribuiu moedas entre esses talentosos e anônimos músicos de rua que enchiam a cidade de vida. A alegria contagiava. Chegamos à catedral renascentista e entramos em duas filas: uma para nos ajoelharmos diante do túmulo de prata, onde foram depositados os restos mortais do apóstolo; outra para pousarmos as mãos nas costas da escultura românica de Santiago. Voltou a pedir um reencontro com Gilbert, que continuava sem dar notícias. Saímos de lá e fomos ao Centro Jacobeo, pegar o atestado de conclusão do Caminho. Isabel foi a única dos quatro que descartou completamente a motivação religiosa para fazer o percurso.

Encontramos, com grande prazer, os amigos alemães que ficaram em outro hotel e fomos todos à procura de um restaurante. De repente seu pequeno espelho redondo caiu da pochete e se partiu em dois. O que seria aquele sinal? Não, não se deixou levar por qualquer negatividade, o Caminho só havia trazido bons prenúncios. Mas não podia deixar de admitir, era como se uma nuvem cinza pairasse sobre sua cabeça.

Continuamos peregrinando em busca de um restaurante até que fizemos a escolha. O maior atrativo era a *coquille Saint Jacques* oferecida pela casa, por sinal, uma enganação. Dos moluscos tinha apenas vestígios e não devia ser muito diferente em outros lugares. Nesse dia Isabel resolveu até beber um pouco mais para o brinde. A mistura de cansaço com a sensação de dever cumprido e aquele leve torpor do álcool deu um resultado híbrido, de imprevisíveis consequências, em todos nós.

O alemão admitia um desencanto, por ter alcançado o objetivo. Talvez resquícios da sensação dos peregrinos medievais, que passavam então a buscar a morte rumo a Finister. A alemã parecia relaxada e eu era só felicidade. Ela, embora não tivesse o mais remoto desejo de suicídio, se sentia confusa. Tinha chegado. E agora? Seguia para Finister?

O desconforto de não receber notícias de Gilbert começou a pesar demais. Pela primeira vez ficou alheia à conversa dos amigos, a toda hora checando se não havia mensagens ou torpedos no celular. Era uma incoerência: chegou onde tanto desejava, encantada com a beleza da cidade, e se sentia cada vez mais insatisfeita.

No dia seguinte, fomos encontrar os amigos alemães na Praça do Obradoiro, o cenário monumental à frente da fachada principal da basílica. Quando chegamos, havia uma multidão, depois ela lembrou que estavam todos ali para assistir ao eclipse parcial do sol. Tinham comentado a respeito no hotel. Acompanhavam com aplausos a movimentação do sol, da lua e da Terra, alguns com óculos especiais, na maior animação. Foi um espetáculo à parte a que tivemos o privilégio de assistir. Bom sinal.

Depois seguimos para a missa de Peregrinos. A ideia era assistir a um pedaço da cerimônia e sair para aproveitar ao máximo a bela cidade. Erro de avaliação. A cerimônia era imperdível. A catedral ficava lotada por uma multidão de turistas misturados aos peregrinos — muitos deles ainda ostentando mochila e cajado, provavelmente recém-chegados.

Seis celebrantes se alternavam no altar e uma freira cantava canções sacras com um timbre de voz sublime. Impossível sair. A energia era contagiante. O padre citou a nacionalidade dos peregrinos que partiram de cada um dos pontos que chegam a Compostela. Mencionou um brasileiro que saiu de Barcelos e dois alemães de Ponte de Lima. Seu desempenho não foi sequer lembrado. Isabel não foi considerada merecedora, por não ter atribuído à religião um dos motivos que a levaram à jornada.

Não se incomodou, mas achou tolo da parte deles. Se divertiu ao constatar que ao lado de cada confessionário havia os idiomas dominados pelo sacerdote. Eram realmente profissionais da religião. Manteve a coerência e, apesar da atmosfera convidativa, não comungou.

Quando saiu da catedral recebeu — finalmente!!! —, uma mensagem de Gilbert. Dizia apenas que ele não poderia encontrá-la porque não tinha conseguido resolver seus problemas a tempo. Começava chamando Isabel carinhosamente de "minha bela" e pedia, "compreende", prometendo que iria vê-la, mas sem dizer quando.

Isabel foi inundada por uma tristeza e um desapontamento abissais. Por um momento, ficou sem ação. Nunca havia pensado naquela possibilidade, mas eu fiquei provocando: *está vendo? Você o abandonou para viajar aos Estados Unidos. Agora ele está dando o troco.* Ela preferia não pensar assim. Primeiro cogitou desistir de Finister, ao mesmo tempo não tinha a menor vontade de voltar à sua casa. Aos poucos se recuperou e decidiu, com a garra que lhe era peculiar: *vou até o fim do mundo!*

A decisão lhe provocou uma força súbita. Em seguida passou a se sentir inteira e a alegria voltou. Os amigos procuravam um restaurante que abrisse antes das 20 horas para o jantar, algo que constataram ser difícil em Compostela. O espanhóis têm vocação especial para a vida boêmia. Quanto mais tarde a refeição, melhor para eles. Acontece que estávamos todos famintos. Isabel voltou a fazer parte do grupo e a se integrar a nós. Foi a conta para encontramos um simpático restaurante que já servia jantar, de estilo tradicional, comida farta e preços razoáveis.

Ela tirou da bolsa as informações que havia recolhido sobre o percurso a Finister e voltou a se divertir. A doença lhe trouxe um fantástico jogo de cintura. O que parecia ser um ponto final voltou a ser uma longa estrada. Decidiu aproveitar a última noite com os amigos com todos os seus sentidos. Nos despedimos dos alemães, que partiriam no dia seguinte no trem das 6 horas. Os olhos se encheram d'água e seguimos para o hotel.

Já não parecia aquela pessoa deprimida de poucos momentos atrás. Organizou a mochila, pronta para retomar a caminhada no dia seguinte. Acordamos com a ioga e meditação habituais e tomamos o rumo da praça monumental, entre a Catedral e o requintado Hostal dos Reis Católicos. Nos abraçamos, chorando convulsivamente.

Foram apenas oito dias de convívio, mas não dava para explicar a profundidade do vínculo que surgiu entre nós. Isabel seguiu descendo uma ladeira e sentiu que eu a observava. Deu seu último adeus. No fundo, tinha esperanças de que Gilbert fosse encontrá-la no fim do mundo, mas precisava se fortalecer para enfrentar o risco de mais uma decepção. O melhor era se abrir para as pessoas que surgissem pelo percurso e viver as experiências que o Caminho oferecesse. Pelo menos por enquanto...

CAPÍTULO 15

Comunicações medievais

Isabel não foi a única nobre a percorrer o Caminho Português. Religião, luto, penitência e gratidão eram alguns dos motivos que levavam monarcas a se despirem da pompa para caminharem longas distâncias como simples peregrinos. A aventura de conhecer novos horizontes era sem dúvida a motivação predominante, além do desejo de viver experiências desconhecidas.

O primeiro deles foi D. Afonso II, rei de Portugal, em 1220. Dois anos após o descobrimento do Brasil, foi a vez do luso D. Manuel. Sabe-se lá o que levou um banqueiro, Cosme de Médicis, grão-duque da Toscana, de uma família de mecenas, a fazer o Caminho, em 1669. A rota nasceu de um dos mais importantes caminhos romanos que cortavam a Galícia, a Via XIX, construída no século I, durante o reinado do imperador Augusto.

Por volta do ano mil, a Europa foi alvo de um notável progresso, sustentado pelo crescimento demográfico, pela extensão de áreas cultivadas e multiplicação dos contatos entre as populações. Em 1456, um viajante registrou a presença de 84 navios no porto de Corunha, na Espanha, na grande maioria provenientes da Irlanda e Grã-Bretanha. Em alguns desses navios o passageiro gastava o equivalente a um mês de trabalho para fazer a viagem. Não seria exagero dizer que as peregrinações representaram um enorme estímulo ao turismo, como é conhecido nos dias atuais.

As comunicações medievais passaram a ser feitas sobre o que restava de vestígio das vias romanas, ambas base dos caminhos que levam a Santiago de Compostela. Uma das características das vias romanas é o traçado reto enquanto as medievais ligavam um povoado a outro, ou igrejas vizinhas em traçados tortuosos. Daí a grande variedade de percursos ainda existentes para o mesmo destino. A rota portuguesa pode ser iniciada em Lisboa. A alternativa mais procurada e bem sinalizada, porém, é a que sai do Porto. Fica além da metade do território de Portugal até a fronteira com a Espanha.

O Caminho Português é recheado de lendas. Uma das mais conhecidas teve origem em Barcelos. Por causa dela adotou o símbolo do galo, considerado por muitos uma referência de Portugal.

O episódio aconteceu na Idade Média. Os habitantes do burgo estavam inseguros e assustados com um bárbaro crime, cujo autor não foi identificado. Até que um dia apareceu por ali um galego suspeito. Ele se dizia devoto de São Tiago e afirmava que caminhava rumo à cidade erguida para o apóstolo. A população não se convenceu de seus argumentos. O homem acabou preso e condenado à forca.

Antes de ser enforcado, no entanto, o cidadão pediu com muita eloquência para ser levado ao juiz, jurando inocência. Quando seus acompanhantes chegaram à casa do juiz, havia ali um banquete. O acusado apontou para o galo que estava na travessa e afirmou: *é tão certa minha inocência quanto é certo que o galo vai cantar se me enforcarem!* Risos.

O juiz prosseguiu no regabofe quando o galo se ergueu e começou a cantar. O magistrado correu até o cadafalso, onde o réu ainda não fora enforcado por causa de um nó no laço da corda ao redor de seu pescoço. Imediatamente suspendeu a sentença e o condenado foi solto. Anos depois, o homem voltou a Barcelos e mandou erguer ali um monumento em louvor a São Tiago.

As cidades que se intercalam pelo trajeto nasceram como burgos e todas mantêm vestígios do período, o que traz um charme todo especial ao Caminho Português, assim como às demais rotas que levam a Santiago.

A história de Ponte de Lima, por exemplo, começa quando D. João I cria o burgo à margem do rio Lima, alçado a cidade em 1464. As muralhas que a cercavam foram derrubadas pouco mais de 300 anos depois, quando surgiram novas estradas, residências e igrejas, sob a influência do barroco. É interessante observar que os santos nos altares das igrejas portuguesas têm cabelos falsos enquanto nas espanholas suas cabeleiras são verdadeiras. Acabam parecendo almas penadas.

Valença, a última cidade antes da fronteira, ainda mantém suas muralhas, o que dá a ela um encanto especial. Uma extensa ponte de metal sobre o rio Minho, construída em 1884, é a fronteira com a Espanha. Com sua posição estratégica, o Minho era um velho conhecido dos gregos e fenícios, que comercializavam por ali suas púrpuras (moluscos com os quais se produzia tinta vermelha para tingir os mantos dos monarcas) e cerâmicas. Em troca, saíam carregados de metais preciosos. Algo que lembra as futuras incursões portuguesas no Brasil...

Quanto mais perto da Espanha, mais frequentes são as vieiras, tanto na sinalização da estrada como nas pequenas cruzes do percurso e nos monumentos. Há algumas versões para explicar por que a concha se tornou um símbolo de São Tiago. Uma delas é que os monges que peregrinavam na Idade Média faziam o voto de pobreza e levavam conchas, que ao mesmo tempo serviam de utensílio e prova de simplicidade. Usavam as vieiras para beber água, comer ou cobrir os olhos na hora da sesta.

Outra possível motivação seria o fato de São Tiago ter sido levado de volta à Espanha por mar. Existe uma terceira versão, sustentando que quando foi aberto o túmulo, o corpo do apóstolo estava coberto por conchas. Hoje, não há loja turística em Santiago de Compostela que não ofereça vieiras aos visitantes, nos mais variados tamanhos, ou restaurantes que tenham no cardápio as *coquilles Saint Jacques*.

Não há dúvida de que algumas cidades souberam manter com mais cuidado seu acervo histórico. Além de Ponte de Lima e Valença, destacam-se Tui e Pontevedra. Com a parte antiga toda construída em pedra, a catedral de Santa Martia de Tui é uma viagem aos tempos medievais. Abriga um claustro da segunda metade do século XIII, único do período considerado completo pelos historiadores. Lá de cima há uma deslumbrante vista sobre o Minho e Valença.

Um importante pedaço da história se situa entre Redondela e Pontevedra. É lá que fica a Ponte Sampaio, onde a população armada produziu uma das maiores derrotas ao exército de Napoleão, na Galícia. Outro imperador franco que deixou marcas na região foi

Carlos Magno, ao tentar conquistar parte da Espanha insuflado por dissidentes dos invasores árabes. Antes de concretizar sua intenção, Magno bateu em retirada, ao saber que seu território sofria ameaças. Apesar da rápida passagem, seus ideais de igualdade firmaram raízes da Gália ao Condado Portugalense.

Pontevedra abriga um dos mais belos conjuntos históricos e artísticos da Galícia, com destaque para o Santuário da Virgem Peregrina e para a igreja conventual de São Francisco, do século XIV. Ambos ficam em uma praça monumental, repleta de simpáticos bares e restaurantes. As ruelas convidam à boemia. É a única cidade em que as setas ou azulejos são substituídos por pontos no chão, iluminados à noite. Outro local imperdível é o Museu de Pontevedra, que guarda uma rica coleção de ourivesaria pré-romana.

O maior impacto, porém, é sem dúvida Santiago de Compostela, onde hoje vivem pouco mais de mil habitantes. A vida da cidade gira em torno da catedral, que começou a ser construída em 1075. Sua origem românica evoluiu para diversos estilos, sobretudo o barroco. As naves são um capítulo à parte, cada uma mais trabalhada que a outra. Há muito ouro.

O que mais atrai a curiosidade dos visitantes são o túmulo e a escultura que reproduz a imagem de Santiago, onde sempre há filas. Turistas e peregrinos não costumam perder a missa de meio dia, cerimônia celebrada por seis sacerdotes, quando são mencionadas a procedência e local de partida dos que percorreram os caminhos a pé — a maioria —, de bicicleta ou a cavalo.

Certamente o que essas levas de peregrinos ignoram é o saco de gatos, a miscelânea de guerras e as intrigas que se passaram no território luso, até Portugal se tornar um país unificado.

A história começou pelo pequeno reino de Astúrias, depois chamado de Oviedo e Leão, nascido da reconquista cristã da Península Ibérica em meados do século VII. O território alcançou o rio Douro e chegou a Coimbra no século XI, conquistada dos árabes por Fernando Magno. Seu filho, Afonso VI, entrou em Toledo (hoje Espanha), mas foi vencido pelos Almorávidas, uma espécie de confraria religiosa. Participaram dessas campanhas fidalgos franceses, como D. Raimundo, que recebeu o governo da Galícia, e D. Henrique, incumbido de governar o Condado Portucalense, território entre os rios Minho e Tejo.

Com a morte de D. Henrique, quem assumiu o trono foi a viúva, D. Teresa, mas assim que o filho Afonso Henriques chegou à maioridade foi consagrado rei. Afonso Henriques tentou converter o condado em reino independente. Em 1143, seu primo, Afonso VII, rei de Leão, reconheceu o título de rei de Afonso Henrique. Este prosseguiu a luta contra os sarracenos, conquistou Santarém, Lisboa e avançou até Évora e Beja.

Um século depois, o descendente Afonso II atingiu o Algarve. Na mesma linha sucessória, D. Fernando morreu em 1383 e deixou uma única filha para herdar o trono, Beatriz. Esta, por sua vez, se casou com João I, rei de Castela. Os portugueses, no entanto, se dividiam diante de Beatriz. Alguns a obedeciam como rainha, outros não.

A regente era a viúva de Fernando, Leonor Teles, que concordava com a filha Beatriz no trono. Mas D. João, Mestre de Avis e irmão de D. Fernando, não aceitava o reinado de Beatriz. Para enfraquecê-la, mandou matar o conde de Anedeiro, mais importante conselheiro de Leonor, que na verdade era quem exercia o poder. Com essa atitude, o Mestre de Avis ganhou o apoio da burguesia e dos nobres contra Beatriz.

Amedrontada, Leonor pediu ajuda ao genro, D. João I, rei de Castela, que mandou tropas para Portugal e cercou Lisboa. E perdeu. O povo português nomeou o Mestre de Avis como "defensor e regedor do reino". Só que o rei de Castela ordenou nova invasão a Portugal. Daí em diante, foram travadas várias batalhas entre os dois exércitos, a mais famosa delas, a de Aljubarrota, em 1385. O Mestre de Avis foi aclamado rei de Portugal e termina assim a confusa Idade Média.

CAPÍTULO 16

Um novo amor

Isabel atravessou vários bosques de árvores frondosas com sombras acolhedoras. Sentia Gilbert cada vez mais distante. Sentou à beira de um riacho e começou a observar um pássaro preto com a barriga amarela. Nunca tinha ouvido um pio como aquele, de uma alegria irradiante. Foi contagiada e sentiu uma leveza fora do normal. Parecia que o pássaro queria dizer alguma coisa.

Nem três horas se passaram depois que saiu de Santiago quando viu um peregrino se aproximar. Tinha sido muito difícil para ela se separar dos novos amigos, depois de uma convivência tão próxima. E ainda mais superar o decepcionante sumisso de Gilbert. Quando um homem ia ultrapassá-la, uma blusa que secava caiu de sua mochila e ele se apressou em recolhê-la. Ela logo percebeu pelo seu jeito que se tratava de um profissional do caminho. Soube depois que já era a décima vez que o percorria.

Alto, cabelos que começavam a ficar grisalhos, aparentava idade mais avançada. Olhou para ela e disse: *você é uma boa andarilha, foi a única que não consegui ultrapassar desde a saída de Santiago.* Era um belo alemão de olhos azuis, porte altivo. Se chamava Peter (!).

Desde esse dia não se afastaram mais. De início Isabel o achou um homem muito rígido, por causa de sua origem e disciplinada formação de engenheiro militar. Pensou que o rigor de uma carreira como essa devia ser levada às últimas consequências em um país como a Alemanha. Já na primeira conversa ele, entretanto, tinha dado mostras de seu humor ferino e Isabel optou por focar esse lado de sua personalidade.

Não demorou a notar que se tratava de um homem inteligente, com uma vasta cultura geral. E mais: viu que o gosto de ambos se parecia e tinham praticamente o mesmo nível intelectual. Tudo muito rápido. Sua experiência de peregrino, desenvolvida após a aposentadoria, o tornava o conselheiro ideal para assuntos de caminhos. Era um verdadeiro oráculo ambulante.

Num dos primeiros albergues que pararam, ela o escutou respondendo a uma italiana sobre qual o melhor caminho que já tinha feito. *Aquele em que encontrei a francesa...* Ao mesmo tempo em que sua autoestima foi à lua, desandou a rir e atribuiu o comentário ao seu senso de humor. Voltou a se surpreender com a rapidez com que os afetos brotavam nesse caminho tão mágico. Em tão pouco tempo, percebeu que sua relação com ele era de igual para igual, apesar dos vinte anos que os separavam. Sentia que ele a admirava, mas sem ultrapassar o sinal. Nos dias seguintes estava sempre a seu lado e nunca tentou uma aproximação física. Até aí ela não sabia o que se passava em seu íntimo e achava bom que as coisas fossem desse jeito. Afinal, ainda tinha a ideia fixa em Gilbert.

O desejo insatisfeito a remeteu à última consulta na terapia de vidas passadas. Situou o ambiente em que foi parar nos tempos medievais. Sentiu que era uma mulher poderosa, talvez até uma rainha, que exercia esse poder de uma maneira diferente. Em vez de se preocupar com seu próprio conforto e aparência, preferia se dedicar aos necessitados. Era isso o que a deixava feliz. Mas não tinha uma vida amorosa plena.

Embora gostasse muito do marido, era obrigada a conviver com suas sucessivas traições. Não era uma vida tranquila porque havia muitas guerras, que envolviam seus familiares. Seu refúgio era o ambiente reservado e sombrio do mosteiro. Ali se sentia plena e realizada. Quando acordou de seu sono profundo pensou: *será que nessa vida não seria predestinada a viver um grande amor?*

Enquanto se decepcionava cada vez mais com Gilbert, nunca poderia imaginar que estaria se aproximando de um sonho a caminho do fim do mundo.

Assim que chegaram a Finister, deixaram as mochilas num hotel e foram apreciar o pôr do sol, como dois felizes adolescentes. Os penhascos eram impressionantes e o movimento do mar sobre as pedras hipnotizava. Isabel sentiu que a extensão da caminhada até o fim do mundo era indispensável para concluir o Caminho de Santiago. Ficou imaginando o que deveria se passar com os radicais peregrinos que se atiravam ao mar. Deviam ser vítimas da manipulação da Igreja, com suas estratégias de culpa e pecado.

Quando o sol desceu na linha do horizonte, as poucas nuvens no céu se tingiram de matizes do laranja ao rosa, um quadro impressionista que poderia ter sido pintado por Claude Monet. Era como se estivesse sonhando acordada. A energia do encontro já a contagiava.

Um diabinho dentro de sua cabeça, no entanto, fez questão de atrapalhar. Pegou o celular e nenhuma mensagem. Para sua surpresa, entretanto, percebeu que a decepção ia deixando de ser tão devastadora. Conversaram muito à noite, com mais intimidade, e pela primeira vez ela lhe contou sobre Gilbert e seu casamento. O alemão se manteve como um atento ouvinte, no maior respeito por ela. Só que Isabel já começava a questionar se estava gostando daquela respeitosa postura de distância física...

Nessa mesma noite, Antonio telefonou perturbado. Com seu tom autoritário, deu ordens para que ela voltasse para casa e tirasse de lá suas coisas, o mais rápido possível. Isabel não tinha a menor ideia de como isso aconteceu, mas ele tinha recebido a mesma mensagem que ela enviou ao marido da irmã, um amigo e confidente, onde falava de Gilbert e do quanto ele a amava! Que confusão! Em sua cabeça, nunca mandou esse e-mail para Antonio, talvez fosse um golpe de São Tiago. Ou um ato falho? Mais uma vez Peter a apoiou de uma forma encantadora.

Decidiram seguir para Muxia, com uma peregrina americana de 20 anos. O balneário ficava a oeste de Finister, na mesma Costa da Morte. Também é considerado uma continuidade do Caminho de Santiago e dispõe de sinalização e albergues. A essas alturas, suas expectativas sobre Gilbert foram se dissipando como nuvens. Mais uma vez aprendia o quanto o desejo por alguma coisa, qualquer que fosse, podia ser prejudicial.

Resolveu ir a Muxia para ampliar ainda mais seus horizontes. Disse a Peter que tinha vontade de voltar a pé a Santiago — o que não era nada convencional entre os peregrinos que seguiam até Finister. Todos costumavam retornar de ônibus. Peter a olhou com admiração. Isabel concluiu que essa ideia lhe ocorreu por três motivos: queria continuar a provar a si mesma sua capacidade de superação, impressionar o alemão e prolongar o convívio...

Só que os dois se perderam entre Finister e Muxia. Ele andou rápido demais e Isabel e a americana ficaram para trás. Quando chegaram, duas horas depois, o encontraram no porto do simpático vilarejo. Ele a puxou, para falar a sós, e a olhou nos olhos tão profundamente que, pela primeira vez, Isabel entendeu o que estava acontecendo. Caiu a ficha.

Sentia uma forte atração por Peter. *Sinto muito por ter caminhado tão depressa. Pensei que havia te perdido!*, disse a ela, desolado, ao mesmo tempo em que tentava esconder seus sentimentos. Isabel brincou que já era crescida e que ele não precisava se sentir responsável por ela. Depois foram conhecer Muxia, uma das cidades mais interessantes da Galícia, cheia de referências dos celtas que colonizaram aquela parte da Península Ibérica. Magnífica.

Voltaram a encontrar no albergue os peregrinos que se dispersaram nos hotéis em Finister e fizeram uma pequena festa, de muita conversa, com os sanduíches que haviam preparado. Como era fácil transbordar de alegria com as pequenas coisas!

Isabel sentiu vontade de passar mais um dia em Muxia, mas começou a chover e ambos decidiram voltar para Santiago a pé. Peter e ela. Estava pronta para caminhar, antes das 9 horas, e ouviu o comentário de Peter: *Que mulher corajosa.* Não pôde conter uma ponta de vaidade. Sua coragem, porém, fraquejou diante do desafio: 45 quilômetros!

Nunca tinha andado tanto de uma só tacada. Enfrentaram neblina, chuva e muita lama. Era incrível como ela conseguia ver um lado positivo até na lama. Sempre existiu um lado bom na vida, é só a gente acreditar e prestar atenção. Claro que no estado em que ela estava tudo ficava mais fácil... Para Isabel, aquele foi o trecho em que mais aprendeu. Estava exausta e Peter, sempre a seu lado, sugeria que pegassem ônibus. Ela teimou e assumiu a responsabilidade por sua escolha. Foi até o fim.

À noite, quando alcançaram o albergue — foi a primeira vez em que ela caminhou de noite — chovia forte. Os raios iluminavam o céu e seus pés chafurdavam na lama. Quando chegaram ao abrigo, não havia sopa e muito menos cama. Parecia até filme de terror. Na realidade não foi bem assim. Dormiram no estábulo, vendo a chuva cair... Peter cada vez mais carinhoso. Naquele momento nada podia incomodá-la.

No dia seguinte passaram por outra prova. Choveu muito, por mais de três horas. A estrada estava encharcada, mas ela nunca abriu a boca para se queixar. Entraram num denso nevoeiro que mal deixava ver por onde passavam e quase patinaram no lamaçal de um trecho do caminho, em obras.

De vez em quando ele pegava em sua mão e uma onda de eletricidade percorria todo o corpo de Isabel. Finalmente fizeram uma pausa num bar horrível, com uma das mulheres mais antipáticas que ela já conheceu. A cena e seu estado de exaustão a deixaram deprimida. Peter percebeu, puxou seu rosto, beijou sua testa e disse, *My lady, você está muito cansada...* E em seguida aconteceu exatamente aquilo que estava faltando. Se beijaram com um carinho avassalador. O ar faltava a Isabel. Argumentou que não queria se apaixonar por ele. Era casado. Não queria fazer o papel de demolidora de lares.

É claro que daí em diante o contato físico só fez esquentar. Quando chegaram ao hotel, ela viveu um dos mais fortes encontros sexuais que já havia experimentado até então. Cada gesto era precedido de um carinho que chegava a comovê-la. Percebeu o quanto sua longa abstinência sexual contribuiu para que se sentisse uma rainha naquele momento. Finalmente percebeu que tinha conseguido chegar onde queria: o equilíbrio entre o corpo, a mente e o espírito.

Acordaram no dia seguinte com disposição de sobra para fazer amor e andar o quanto fosse preciso. Ela estava nas nuvens. Mas só depois de caminhar trinta quilômetros percebeu o quanto tinha ficado exaurida.

Nem conseguia distinguir se a visão das torres da catedral envoltas na bruma eram sonho ou realidade.

A sensação ao chegar em Santiago foi indescritível. Explodiam de felicidade. Sentiam-se merecedores de tomar um chá no magnífico Hotel dos Reis Católicos, que compõe a monumental Praça do Obradoiro, junto à catedral. Enquanto degustava aquela deliciosa sensação do líquido quente escorrendo por sua garganta, teve a forte impressão de já ter vivido ali em outras épocas. Era como se ela e Peter fossem os reis católicos... A magnífica energia se estendeu pelos dois incríveis dias que passaram juntos em Santiago. Era tanta felicidade que saía pelos poros.

Peter era tudo o que ela sempre desejou num homem. Foi tanto amor que o deixou partir, sem tentar segurá-lo. Como diz a canção brasileira, *tristeza não tem fim, felicidade sim.* Quando chegaram à frente da catedral para a despedida, agradeceu a Santiago por ter colocado os dois no mesmo caminho. Sentiu em relação a ele igual desprendimento que teve com ela mesma durante as longas caminhadas.

Estava confiante de que aquele amor não acabaria ali. Pelo contrário. Lágrimas se misturaram a promessas. Marcaram novo encontro na primavera seguinte na catedral de Sevilla, para fazer o Caminho da Via de la Prata. Já de volta a Portugal, Isabel sentia Peter perto dela, embora soubesse que ele não a pertencia. Romântico, lhe disse que iria caminhar até o fim da vida e que ela estaria a seu lado.

Quando voltou para casa, começou a dolorosa tarefa de arrumar suas coisas para partir para a próxima etapa. Como era difícil deixar tudo para trás, mesmo com a plena convicção de que era aquilo o que queria. A despedida de Antonio foi tristíssima e, antes que terminasse a viagem, ele buscou uma terapia bioenergética. Partiu para sua própria viagem interior, abriu espaço para a separação e para começar uma nova vida. De uma certa maneira, isso lhe trouxe alívio.

Isabel se mudou para o Alentejo, um lugar com muito verde, para um solar onde passou a viver em troca de serviços administrativos. De início pretendia se dedicar à versão francesa de seu livro, depois queria escrever um romance sobre o Caminho Português.

Voltou para casa disposta a colocar em prática um dos maiores ensinamentos que o Caminho lhe trouxe: o melhor conselheiro é sua voz interior.

Nunca mais teve notícias de Gilbert. Um novo caminho começava para ela e sabia que precisava estar sozinha para percorrê-lo. Foi difícil esquecer o homem que conheceu, mas tempos depois tudo parecia um sonho. E talvez tenha sido. Se tudo desse certo, ela queria criar um mito para levar as gerações futuras a caminhar ao encontro da felicidade. Seja ela qual fosse.

CAPÍTULO 17

Rumo ao Caminho Português

Passados dez anos de vida em comum com meu amigo de infância, resolvi voltar ao Caminho de Santiago. Apesar de minhas buscas, continuava confusa, cheia de questionamentos. Dessa vez optei pela rota portuguesa, mais curta e próxima de minhas origens. Voltei a enfrentar o desconhecido, tentando não dar ouvidos ao medo que volta e meia insistia em me assaltar. Não temia a falta de fôlego, mas o encontro com meus demônios.

Tinha a certeza de que não era movida pela busca do outro, mas de mim mesma. Meu maior desejo era provocar paixão pela história que pretendia criar. Fiquei na dúvida se valia a pena investir em minha ideia inicial, de misturar minha vida com a da mulher que, além de rainha, era santa. Ainda hesitei quando cheguei ao Porto, mas acabei decidindo visitar Coimbra, para colher mais informações no Mosteiro de Santa Clara, a Nova, onde jaz a rainha Santa Isabel.

O presidente da Confraria da Rainha havia me convidado para almoçar e já cheguei a Coimbra com passagem comprada para Barcelos, onde começaria minha caminhada. Era um senhor gentil, gordo e de cabelos brancos, que me deu livros e um DVD sobre a santa. Disse que a primeira biografia sobre ela, *Vida e milagres da rainha santa Isabel*, escrita por Afonso Diego em 1560, estava na Biblioteca Nacional, no Rio de Janeiro, a poucos metros de meu trabalho!

Em Coimbra, porém, o português lamentou ter se confundido. Não poderia almoçar comigo e se ofereceu para me levar à estação de trem, onde garantiu que eu não teria problemas em antecipar a passagem para Barcelos. Não consegui trocar o bilhete, mas segui o raciocínio simples do português que me atendeu no balcão: *A senhora vai ali em frente, come muito bem e barato no restaurante, faz hora e depois pega seu trem.* Foi uma de minhas melhores refeições em Portugal. Um suculento filé de bacalhau grelhado com batatinhas e brócolis al dente, regado ao vinho local. De sobremesa, deliciosa mousse de chocolate amargo, perfeita para uma chocólatra como eu. Peguei o trem em estado de graça.

Daí em diante, meu maior problema passou a ser compatibilizar minha experiência com a da rainha Isabel. Passei a viagem de trem lendo, freneticamente, o material que o presidente da Confraria tinha me dado. Mas não fazia a menor ideia de como ia resolver meu projeto e quase desisti de tudo no primeiro dia de caminhada, quando percorri sozinha mais de 30 quilômetros pelas aprazíveis paisagens lusas.

Cheguei destroçada a Pontes de Lima. Doía tudo. No dia seguinte, não sei o que me fez persistir. Até encontrar meus amigos peregrinos. Mais que isso, caiu do céu uma bela e extraordinária mulher, que resolveu desafiar a saúde abalada por um câncer de intestino e transplante de fígado. Ela chutou a doença e o baixo astral para o alto e enveredou na aventura do Caminho Português. Foi aí que parece ter encontrado a conclusão do seu processo de cura e, por que não, de seu milagre pessoal. Fiquei arrepiada quando ela me estendeu a mão e se apresentou: muito prazer, Isabel.

Pensei de cara: meus problemas estavam resolvidos. A certeza foi ainda maior quando ela começou a discorrer sobre sua vida. Para quem acredita em reencarnação, ela poderia ser perfeitamente a volta da rainha santa. Quem garante que não é? E se for, será que isso teria alguma importância para as estrelas da Via-Láctea?

Tínhamos algumas coisas em comum. Assim como a minha vida estava arrasada pelo fim de um casamento quando fiz o Caminho Francês, a situação conjugal da francesa era caótica. Durante nosso convívio, percebi semelhanças mais fortes ainda entre ela e a rainha santa, ambas mulheres de rara generosidade. Suas sessões de terapia de vidas passadas me sugeriram voos mais altos: a reencarnação era uma possibilidade real.

A francesa não passou por momentos heroicos e dramáticos como a rainha, mas saiu vitoriosa da fundamental batalha que travou contra a doença que ameaçava sua vida. E faz de sua história um estímulo aos casos considerados perdidos pela medicina, além de ajudar a quem aparece por seu caminho. Já para quem tem uma vingança contra a mãe como mais remota lembrança, como eu, não posso me sentir em patamar nem próximo ao de minhas personagens...

Tive a sorte de acompanhar Isabel no exato momento em que ela tentava reencontrar um grande amor da juventude no fim do mundo que, mais uma vez, sumiu. A realidade virava metáfora. A francesa passou por etapas dramáticas e enfrentou seus fantasmas. Sua vida se desenhou à minha frente como se fossem as páginas de um romance. Valeu, São Tiago!

De tudo o que contei nada é ficção: são fatos absolutamente reais. Sobre ambas. Apenas troquei a maioria dos nomes para preservar os personagens secundários contemporâneos e mantive o título do livro escrito pela francesa em sigilo, porque ela me revelou intimidades e também precisa ser preservada.

Minhas únicas licenças poéticas foram misturar com a dela minhas experiências, até o momento em que nos separamos em Santiago de Compostela. Quando voltei ao Brasil, passei duas semanas devorada pela curiosidade do que teria acontecido à minha querida amiga, quando recebi seu e-mail contando o inacreditável. *Tu vais cair de cu*, me fez gargalhar logo na primeira linha. *Encontrei um Peter, mas não é o teu!*, emendou, com seu característico senso de humor.

Quando cheguei a Madri para uma escala rumo a Paris, onde pretendia passar três dias peregrinando pelos museus sem o peso da mochila, o autofalante avisou que a cidade luz estava em greve geral. Minha primeira reação foi a de sempre: comecei a me preocupar sobre como chegaria à casa da amiga onde ficaria hospedada. Ela morava no subúrbio e o único acesso era por trem, fora o ônibus e metrô que teria de pegar até lá.

Era hora de colocar em prática meus conhecimentos sobre o budismo e diminuir a ansiedade. Primeiro pensei que, na pior das hipóteses, dormiria no aeroporto. Não houve até um filme com um personagem que morou no aeroporto? Logo a situação ficou mais leve. O Caminho também me ensinou que a vida é aqui e agora, o que vai acontecer mais adiante é o imponderável. Não adianta conjecturar.

A releitura de meu livro budista *A expansão da mente* foi providencial. Encontrei ali o que precisava naquele exato momento: *tentamos vencer nossos problemas. Mas quando não reagimos a eles, perdem sua substância, e só se tornam obstáculos quando fazemos deles obstáculos.* Sofri um pouco até conseguir chegar em Belle Vue, nos arredores de Paris, mas no final deu tudo certo. Como diria Anna Sharp, o universo conspirava a meu favor. Senti na pele que a caminhada reforçou a confiança em mim e me fortaleceu.

Quando voltei ao Brasil, me dei conta de que os tais problemas que me abalavam tanto não passavam de masturbações mentais. Podia muito bem lidar com eles.

Já a vida da rainha não tem mais como ser mudada. No máximo, podem variar as interpretações de trajetória tão especial. O que pode acontecer com a francesa ou comigo, entretanto, é imprevisível. Não significa que ela vai acabar os dias com o amor que encontrou no fim do mundo, felizes para sempre. Ou tampouco estarei fadada a ficar velhinha ao lado do meu amigo de infância. Afinal, já não vivemos na Idade Média. O que merece registro é que ambas temos o coração aberto ao que a vida tem a nos oferecer.

CAPÍTULO 18

Encontra-se o milagre

Antes de botar o ponto final em meu livro resolvi experimentar O Caminho da fé, em solo brasileiro. O título do percurso não me agradava muito, porque apesar da simpatia por São Tiago, Amma e de minhas buscas espirituais, não sentia nenhuma necessidade de vincular minhas longas caminhadas a algum tipo de devoção. Mas qual não foi minha surpresa ao compreender que a rota, demarcada em 2003, nada mais era do que a consolidação dos caminhos percorridos por romeiros para chegar a Aparecida do Norte?

A região, no interior de São Paulo e Minas Gerais, era voltada apenas ao cultivo de café, batata, cebola, morango e à atividade pecuária, até que os prefeitos resolveram somar aos escassos rendimentos das cidades o turismo religioso, que já existia informalmente, sem nenhuma infraestrutura. São 400 quilômetros bem orientados por setas amarelas, como as do Caminho de

Santiago, muitas subidas e descidas íngremes que passeiam pela generosa paisagem da Serra da Mantiqueira, com seus morros cobertos por vegetação rasteira que destacam as árvores centenárias.

A sensação de avistar os vilarejos e pequenas cidades do alto dos morros é um deleite. Ao contrário da história emanada pelas vilas europeias, porém, as cidades do percurso brasileiro são recentes e carecem de charme. Em vez de vinho do *terroir*, a alternativa é a cerveja, estupidamente gelada. Saboroso, mesmo, é ouvir o sotaque cantado do interior, sentir o calor humano e conhecer tipos que jamais poderiam ser encontrados nos grandes centros.

Um deles foi Luís, um homem baixinho e gordinho, totalmente fora de forma e com o colesterol nas alturas. Prometeu a Nossa Senhora da Aparecida chegar a pé ao santuário. Graças a ela — a nossa senhora negra, cuja imagem surgiu na tarrafa de pescadores, a quem se atribuem tantos milagres que a credenciaram ao título de padroeira do Brasil —, desistiu de assassinar o cunhado que através de negociatas havia roubado vários imóveis seus. Fez o trajeto acompanhado do jovem filho, igualmente sedentário, que o deixou antes da metade da rota por causa de uma torção no joelho.

Luís dizia que sentia gosto de sangue na boca, mas se libertou do pesadelo de virar criminoso sob a inspiração de Aparecida. Outro foi seu Alípio, o dono de um boteco em São Roque da Fartura, ralo bigodinho branco sobre a boca sempre escancarada por um sorriso. Seus olhos se marejaram ao contar que a santa salvou a vida de sua filha, abatida por um tumor maligno. Foi ali que degustei o melhor queijo da viagem. De Minas, naturalmente. Curado e cortado em pedaços sobre um papel de pão. De derreter na boca.

Havia ainda o Júlio, maratonista que corria uma média de 70 quilômetros diários. Devoto que trocou a obesidade mórbida por uma frenética mistura de malhação e religiosidade. De início não acreditei na façanha, era uma distância longa demais para ser percorrida em ritmo tão acerado. Ainda por cima com mochila nas costas. Mas era a mais pura verdade.

Júlio foi parar no hospital por causa de um refluxo que lhe tirou o ar. Pesava mais de 100 quilos distribuídos em apenas 1,60 metro. Na segunda internação, o médico avisou que se não emagrecesse seria morte certa. Foi então que recorreu à santa. Passou um mês se alimentando apenas de tomate e água. Perdeu tantos quilos que, ato contínuo, desandou a fazer uma boçalidade de exercícios que nem deu tempo das peles virarem pelancas. Transformaram-se em músculos. Mais um milagre da santa que teria feito por merecer sua promessa de correr todo o percurso.

Outro que misturou exercício e fé foi o massagista holístico Gerson. Ele montou em sua bicicleta obsoleta para fazer o percurso, por mera curiosidade. Um dia a máquina velha emperrou e ele foi socorrido por um ciclista que era também dentista, acompanhado do filho. Como os dois surgiram do nada, na hora em que mais precisou de ajuda, ele achou por bem interpretar o fato que o salvou como um milagre de Nossa Senhora de Aparecida. Com a gratidão saindo pelos poros, terminou a rota socorrendo — gratuitamente — os peregrinos devastados pela dor nas costas, que atingia nove entre dez caminhantes pelo peso que eram obrigados a transportar.

Havia ainda Sueli, uma simpática e verborrágica paulista que havia duas décadas se mudara para Consolação e luta para fazer da cidade um centro turístico. Ela foi abençoada com três filhos perfeitos, nascidos do casamento com seu primo, um fazendeiro local. Foi o milagre da consanguinidade sem sequelas.

O Caminho da fé oferece hospedagem, em média, a cada 25 quilômetros. Não é preciso levar barraca ou saco de dormir. As paisagens são tão deslumbrantes que já atraíram mais de quatro mil pessoas nos últimos três anos. Em compensação, a oferta de água potável é escassa, o que obriga os peregrinos a também carregarem nas costas a própria hidratação.

As imagens que mais ficaram marcadas na minha memória foram as generosas sombras das frondosas paineiras e uma inusitada partida de futebol travada por galinhas-d'angola, único time em campo no gramado do bucólico vilarejo de São Pedro da Barra. Uma das menores e mais pacatas vilas do percurso, o povoado me proporcionou o mais belo fim de tarde ao som de uma enorme variedade de canto de passarinhos que se misturavam ao *tô fraco* e a eventuais mugidos.

Dessa vez, viajei acompanhada por um primo muito querido, uma amiga do coração e outras duas ótimas companhias. Foi muito prazeroso dividir minhas impressões durante a caminhada, coisa que não experimentei na Europa.

Apesar de meu perfil suscetível a crenças, decidi não me envolver com os milagres de Nossa Senhora de Aparecida e focar minha atenção no efeito redentor que uma caminhada dessas promove em mim. A exagerada produção de endorfina é quase como deitar no divã. Ajuda a discernir onde antes estava nebuloso. Alternativas por aqui não faltam. Existem rotas demarcadas como o Caminho da Luz, do Sol, das Missões, do Ouro e os Passos de Anchieta, no Espírito Santo.

Sem falar na magnífica trilha inca que conduz ao santuário de Machu Picchu, encravado na Cordilheira dos Andes, no Peru. Não sinalizada, a trilha disponibiliza um punhado de guias, sempre dispostos a acompanhar os viajantes por alguns trocados nas íngremes encostas que chegam a alcançar 4 mil metros de altitude. Sempre que o fôlego faltar, nos trechos mais íngremes, há camelôs vendendo saquinhos de folha de coca. São amargas, mas turbinam até defunto.

A profusão de caminhos que percorri foram apenas espinhas dorsais que me conduziram, como um bumerangue, a um mesmo lugar: meu interior. Um lugar quentinho e aconchegante, e eu sou a única atleta do mundo capaz de alcançá-lo. Tem também recantos obscuros, partes de mim que preciso de coragem para decifrar se realmente quiser saber quem eu sou. Feito isso, o jeito é conviver e aprender a tirar proveito também dos traços inconfessáveis.

Talvez não precisasse de tanto esforço, mas foi o jeito que encontrei. E como um Forrest Gump, sei que milhares de quilômetros ainda me aguardam.

Referências

7º Centenário do casamento de D. Dinis com a princesa Isabel de Aragão/A cultura da rainha santa (Instituto Português do Patrimônio Cultural — Museu Nacional de Machado de Castro)

História popular da rainha Santa Isabel, protectora de Coimbra (Gráfica de Coimbra)

Vida e milagres de Santa Isabel (1ª impressão de 1562, Biblioteca Nacional do Rio de Janeiro)

Isabel de Aragão de Portugal — memórias de uma rainha santa (DVD realizado e produzido por MediaPrimer, Portugal)

Este livro foi composto na tipologia Berkeley,
em corpo 12 pt/18, e impresso em papel off-white 80g/m²
no Sistema Cameron da Divisão Gráfica
da Distribuidora Record.